中国政法大学地方治理
与危机管理研究中心

研究

信访与治理

Research on Public
Complaints and Governance

翟校义　伊　彤◎主编

01

2023

总第 62 辑

中国出版集团 | 全国百佳图书
中国民主法制出版社 | 出版单位

图书在版编目（CIP）数据

信访与治理研究. 2023 年. 第 1 辑/翟校义，伊彤主编. —北京：中国民主法制出版社，2023.8

ISBN 978-7-5162-3324-5

Ⅰ. ①信⋯　Ⅱ. ①翟⋯②伊⋯　Ⅲ. ①信访工作—研究—中国　Ⅳ. ①D632.8

中国国家版本馆 CIP 数据核字（2023）第 142299 号

图书出品人：刘海涛

责 任 编 辑：庞贺鑫　李　郎

书名/信访与治理研究　2023 年第 1 辑
作者/翟校义　伊彤　主编

出版·发行/中国民主法制出版社
地址/北京市丰台区右安门外玉林里 7 号（100069）
电话/（010）63055259（总编室）　　63058068　63057714（营销中心）
传真/（010）63055259
http：// www. npcpub. com
E-mail：mzfz@ npcpub. com
经销/新华书店
开本/16 开　787 毫米×1092 毫米
印张/13.5　**字数/**205 千字
版本/2023 年 11 月第 1 版　2023 年 11 月第 1 次印刷
印刷/北京盛通印刷股份有限公司

书号/ISBN 978-7-5162-3324-5
定价/60.00 元
出版声明/版权所有，侵权必究。

《信访与治理研究》刊物
编委会

新时代群众路线、信访
与党的社会工作

  党的二十大报告明确要求"完善正确处理新形势下人民内部矛盾机制,加强和改进人民信访工作,畅通和规范群众诉求表达、利益协调、权益保障通道,完善网格化管理、精细化服务、信息化支撑的基层治理平台,健全城乡社区治理体系,及时把矛盾纠纷化解在基层、化解在萌芽状态"。新形势下,与时俱进地推进信访与党的社会工作的创新发展,有效贯彻落实党的群众路线,加强和改进人民信访工作,成为理论研究者与实践工作者高度关注的重要议题。

  2023 年 3 月,中共中央、国务院印发《党和国家机构改革方案》,正式组建中央社会工作部,负责统筹指导人民信访工作,指导人民建议征集工作,统筹推进党建引领基层治理和基层政权建设等。中央社会工作部统一领导国家信访局,国家信访局由国务院办公厅管理的国家局调整为国务院直属机构,这凸显新时期党和国家对信访工作的高度重视。组建中央社会工作部是当前中国社会治理体制的重大变革,是系统性、整体性的重构与制度安排,将对新时期信访与党的社会工作产生积极影响。本期"专家访谈"栏目聚焦"新形势新使命:信访与党的社会工作"议题,专访了全国政协委员、中共中央党校(国家行政学院)应急管理培训中心(中欧应急管理学院)主任马宝成教授。马教授认为,2023 年党和国家机构改革是 2018 年党政机构改革实践探索基础上的优化和完善。最新的机构改革方案系统整合了社会治理工作分散在各个部门的职能,通过建立跨部门的组织机构,能够有效避免政府组织内部机构的各自为政的现象,有利于破除部门利益,形成整合力量。马教授分析,中央社会工作部"统筹指导人民信访工作,指导人民建议征集工作"的职责也将进一步推动信访工作的开展,有利于征集民众建议,更有效地汇聚民意民情民智,为党政部门优化决策和增强政策执行力提供参考。随着中央社会工作部统筹指导信访工作,今后信访工作思路、工作方式、在基层开展等方面将更加规范健康发展。

为深入贯彻落实党的二十大精神,深入贯彻落实习近平总书记关于加强和改进人民信访工作的重要思想,结合中共中央、国务院印发的《党和国家机构改革方案》有关信访和党的社会工作的改革要求,中国信访与治理高层论坛(2023)暨"新形势新使命:信访与党的社会工作"学术研讨会于2023年5月19日在北京举行,本届论坛由中国政法大学地方治理与危机管理研究中心主办,来自全国10多个省份信访机构的领导和全国30余所高校研究院所及相关机构的120余名专家学者参加。"论坛与点评"栏目的《信访与党的社会工作的新形势新使命》一文对本届论坛的专家观点进行了综述。与会专家学者结合当前国内外形势的深刻变化,立足党和国家机构改革的时代背景,就新时期信访工作与党的社会工作、《信访工作条例》与信访法治化建设、坚持和发展新时代"枫桥经验"、信访与社会矛盾源头预防、数字赋能与社会治理创新等议题展开研讨,强调新形势下将信访工作与党的社会工作有机结合,积极推动信访与社会治理领域的理论创新和实践创新。

结合最新形势,"理论视野"栏目《关系为本:城市信访社会工作的实践策略及服务反思》一文关注"城市信访社会工作"这一重要研究议题,文章围绕社会力量如何有效参与信访矛盾化解这一核心问题,立足关系视角,将"点、线、面、体"四个关系概念对应的"关系主体、关系链、关系网络、关系世界"四大关系层面,构建起"关系视角型信访社会工作"的框架,探讨社会工作介入信访积案化解的有效服务策略。研究发现,关系视角与社会工作专业服务的有机结合可成为化解信访积案的有效方法。在"关系优先"的服务策略下,社会工作者围绕"认知调整、人际互动、社会支持、社会倡导"四个关系维度开展服务,可取得较好治理成效:在认知调整方面,通过端正化解态度、激发理性情绪、巩固信访诉求的策略,重构信访老户的关系主体;在人际互动方面,通过推动信访老户与政府部门之间建立交换关系、互动关系和合作关系,构建信访老户的关系链;在社会支持方面,通过协助信访老户构建家庭支持系统、朋辈支持系统和社区支持系统,再构信访老户的关系网络;在社会倡导方面,通过对信访老户提出合理诉求的满足,鼓励多主体参与信访积案的化解,推动信访领域社会环境的变革。

群众路线在我国政治生活中占有重要地位,是我党治国理政安邦的行为指针。本期刊物的系列文章对新时期党的群众路线进行理论探讨与解读。"理论视野"栏目的《新时代中国共产党基层治理的根本战略思想研究》一文重点研究党的十八大以来群众工作的发展特点和时代特征,集中阐释了习近平总书记关于做好新时代群众工作的核心思想内涵。《习近平总书记关于群众工作的前期论述探赜》一文重点分析研究习近平总书记主持中央工作前关于新形势下群众工作的论述和观点。"学术前沿"栏目的《马克思主义群众观视域下的社会治理共同体建构探究》一文,立足马克思主义群众观,探讨新的历史时期如何充分调动广大民众共同参与,建构社会治理共同体,推动民众对社会治理的认同实现由"自发"到"自觉"再到"自主"的转变,从而凝聚起持久稳定的社会治理合力。在中国社会结构急剧转型的今天,重新认识和发掘群众路线的功能和价值,对于准确把握群众工作的特点要求、基本指向,对于创新群众工作的主要内容、方式方法,推进社会治理体系和治理能力现代化建设都具有重要意义。

作为我国行政管理体系的一个重要层级,市域治理尚未受到足够重视,尤其是市域信访治理研究,仍缺乏深入的研究。"信访观察"栏目的《论市域信访治理的特点和完善路径》一文从市域社会治理出发,探讨市域社会矛盾的独特性、市域信访治理的优势和短板,并从城乡关系、省市县关系、分工集成关系、国家社会关系、德治自治法治政治关系和治理程序效果关系等方面提出优化建议。《北京市城市治理相关信访问题研究》立足新形势,分析北京市城市治理领域信访问题的现状、成因及特点,并对如何进行风险预警,推动实现相关信访问题的有效预防化解,确保首都安全稳定提出了针对性对策建议。《上海市社会组织参与社会矛盾化解案例研究》一文回顾了上海市新市民社会融合的演化历程,重点总结上海市通过政府部门与社会组织合作,有效促进新市民社会融合的做法与经验,并展望新时期进一步完善新市民社会融合的做法和经验。《山东省东营市残疾人信访工作现状调查分析》聚焦关注残疾人这一特殊困难群体的信访问题，研究总结区域内残疾人信访工作的新情况、新特点，总结有效经验做法，积极推动工作创新完善。

此外，本期还关注国家安全风险、社会风险治理等领域的系列前沿议题的研究。"学术前沿"栏目的《新时代我国国家安全态势评估方法研究》一文在深入剖析国家安全内涵的基础上，提出探索构建"威胁—暴露—脆弱性"的国家安全风险评估体系，从时间、空间、因素三个维度建立多维的风险评估矩阵，推动对国家安全风险态势的科学评估。"调查与案例研究"栏目的《行政争议调解中心的浙江探索》一文关注浙江行政争议调解中心探索协调型解决行政争议新模式的历程，总结其积极推广和追求诉源治理目标的成功经验，并探索未来行政争议调解中心发展的可行路径。《市场性失信惩戒的治理逻辑及制度展望》一文重点研究社会信用治理体系中的关键一环——市场性失信惩戒机制。文章探讨了市场性失信惩戒机制的运行逻辑与正当性基础，分析其治理关系及惩戒逻辑，展望作为治理机制的市场性失信惩戒制度的未来发展走向。

本刊编辑部
2023 年 6 月

目 录
CONTENTS

论坛与点评

学术前沿

调查与案例研究

专家访谈

新形势新使命：信访与党的社会工作

——专访全国政协委员、中共中央党校（国家行政学院）

应急管理培训中心（中欧应急管理学院）主任马宝成教授

新形势新使命： 信访与党的社会工作

——专访全国政协委员、中共中央党校（国家行政学院）应急管理培训中心（中欧应急管理学院）主任马宝成教授

受访人：马宝成教授

统　稿：杨　丽

马宝成教授

马宝成，全国政协委员，中共中央党校（国家行政学院）应急管理培训中心（中欧应急管理学院）主任（院长）、教授，主要从事政治学理论、中国地方政府管理与创新、中国农村问题、应急管理等领域的研究。

2023年3月，中共中央、国务院发布《党和国家机构改革方案》，正式组建中央社会工作部，负责统筹指导人民信访工作，指导人民建议征集工作，统筹推进党建引领基层治理和基层政权建设，统一领导全国性行业协会商会党的工作，协调推动行业协会商会深化改革和转型发展，指导混合所有制企业、非公有制企业和新经济组织、新社会组织、新就业群体党建工作，指导社会工作人才队伍建设等，作为党中央职能部门。中央社会工作部统一领导国家信访局，国家信访局由国务院办公厅管理的国家局调整为国务院直属机构。

结合改革的最新背景，《信访与治理研究》编辑部就"信访与党的社会工作"等议题，访谈了全国政协委员，中共中央党校（国家行政学院）应急管理培训中心（中欧应急管理学院）主任马宝成教授。

本刊：马教授，您好。中共中央、国务院印发了《党和国家机构改革方案》，正式组建中央社会工作部。对于这一个重大改革，您有什么看法？

马宝成：为进一步落实党的二十大关于机构改革的战略部署，新一轮机构改革中明确提出了组建中央社会工作部。作为长期关注行政机制改革的研究者，我也从行政体制改革的角度关注了这个问题。组建中央社会工作部是中国社会工作体制的一次非常大的变革，是系统性、整体性的重构与制度安排，将会促进社会工作和社会治理迈上新的台阶。

围绕构建系统完备、科学规范、运行高效的党和国家机构职能体系，党和国家机构改革有一个不断推进的过程。纵观我国党和国家机构改革，自1982年开始党中央部门分别在1982年、1988年、1993年、1999年、2018年进行了5次改革；国务院机构改革基本上每5年进行一次，分别在1982年、1988年、1993年、1998年、2003年、2008年、2013年、2018年进行了8次改革。面对新时代新征程的新形势新任务新要求，今年开展了改革开放以来第九次机构改革。中央社会工作部的成立也是在2018年党政机构改革实践探索基础上的进一步优化和完善。

对社会工作而言，此次改革将党的社会工作以及信访工作放到了国家安全这一大的领域内来部署，其重要性毋庸置疑。党的二十大报告，第十一章"推进国家安全体系和能力现代化，坚决维护国家安全和社会稳定"由四部分内容组成，其中第四部分为"完善社会治理体系。健全共建共治共享的社会治理制度，提升社会治理效能。"因此，从党的二十大报告中，我们也看到了党的二十届二中全会通过的《党和国家机构改革方案》的一些统领性的提法。成立中央社会工作部，正是对党的二十大精神的进一步贯彻落实。

我们也可以通过与党的十九大报告比较来看，党的社会工作表述有了非常明显的变化。在党的十九大报告的第八章"提高保障和改善民生水平，加强和创新社会治理"中，第六和第七部分分别为"打造共建共治共享的社会治理格局""有效维护国家安全"，实际上是将国家安全放在社会治理创新的领域来部署的。与之相比，党的二十大报告将社会治理、社会工作放在国家安全部分，变化的确较大。此外，党的二十大报告将应急治理同样放在

了国家安全方面，提出"建立大安全大应急框架，完善公共安全体系""提高防灾减灾救灾和重大突发公共事件处置保障能力，加强国家区域应急力量建设"等，这也是非常显著的特点。

本刊：《党和国家机构改革方案》明确提出"以加强党中央集中统一领导为统领"。您认为在社会工作领域是如何体现的？

马宝成：中国共产党领导是中国特色社会主义最本质的特征和中国特色社会主义制度的最大优势。党的领导是全面的、系统的、整体的，必须全面、系统、整体地加以落实。我们党是中国特色社会主义事业的领导核心，也是国家治理现代化的领导核心，在国家治理现代化中起着总揽全局、协调各方的作用。实践证明，坚持党的全面领导是推进国家治理现代化、全面提高国家治理能力的根本保证。

我们可以看到，党的十八大以来，以习近平同志为核心的党中央围绕国家治理体系和治理能力现代化提出了一系列新理念新思想新战略，作出了一系列新部署新安排，全面推进国家治理的创造性实践，形成了颇具特色的国家治理现代化的中国方案。此次党和国家机构改革特征鲜明，即旗帜鲜明地提出加强党中央集中统一领导。

广义的社会工作涉及领域广、内容庞杂、利益复杂，可谓是千头万绪。如何做好社会工作？关键在于党的领导。中央社会工作部作为党中央职能部门，核心是加强党在社会领域的全面引领，提升国家社会治理能力。根据方案，中央社会工作部负责统筹指导人民信访工作，指导人民建议征集工作，统筹推进党建引领基层治理和基层政权建设，统一领导全国性行业协会商会党的工作等。中央社会工作部通过有效整合社会工作职责，加强党对全部社会工作的集中统一领导，有利于进一步推动社会组织化、社会工作系统化、社会治理一体化。

本刊：请您谈一谈，本次改革方案中社会工作相关职能设置与整合有哪些变化及特点？

马宝成：广义的社会工作涉及社会治理、基层政权建设、社区建设、社会组织发展、社会工作者队伍建设等诸多方面。当前相关工作职责分散在不同党政部门，缺乏集中统一领导和高效统筹协调，社会工作力量没有得到有效整合，难以形成合力并发挥有力作用。

当前的机构改革系统整合了社会工作或者说社会治理分散在各个部门的职能。通过建立跨部门的组织机构，能够有效避免政府组织内部机构各自为政的现象，破除部门利益，形成整合力量。中央社会工作部将相近或者类似的社会工作职责从中央机构及国务院相关组成部门集中起来。《党和国家机构改革方案》提出，"中央社会工作部划入民政部的指导城乡社区治理体系和治理能力建设、拟订社会工作政策等职责，统筹推进党建引领基层治理和基层政权建设。划入中央和国家机关工作委员会、国务院国有资产监督管理委员会党委归口承担的全国性行业协会商会党的建设职责，划入中央精神文明建设指导委员会办公室的全国志愿服务工作的统筹规划、协调指导、督促检查等职责"，这就体现了系统整合的特点。我们可以粗略统计，整合涉及的部门包括国家信访局、民政部、中央和国家机关工作委员会、国务院国有资产监督管理委员会党委、中央精神文明建设指导委员会办公室等，应该还包括政法系统相关部门等党中央国务院部门。从部门跨度以及涉及的部门数量来看，整合的力度较大。在上一轮（党的十九大之后）党和国家机构改革中，整合最大的是应急管理部，共整合了 13 个部门的 15 项制度。我认为本次中央社会工作部的成立，将我们通常所关注的社会工作内容基本整合起来了，社会工作相关职责进一步集中，原来负责相关职责的部门及机构将会撤销或合并，避免职能交叉、重叠以及相关工作冲突，机构的设置将更加科学，协同运行将更加高效，便于社会治理的整体推进。

与此同时，本次改革形成了从中央到地方社会工作垂直的管理体系。《党和国家机构改革方案》明确省、市、县三级党委也将组建社会工作部门，并相应划入同级党委组织部门的"两新"工委（非公有制经济组织和社会组织工作委员会）职责。这将使社会工作可以上下一贯地全面协同推进，并使地方社会工作得到更好的统筹协调与指导。实际上，近年来，地方多个省市如北京市、上海市、广东省等成立了社会工作委员会，并实行党政合署办公，逐步探索出了一些有效整合社会工作职责的办法与改革实践。中

央社会工作部的组建,有利于将地方行之有效的经验总结提炼并上升到中央层面,同时有利于进一步自上而下地全面推动社会工作。

此外,中央社会工作部也将对各类非政府组织社会工作进行统筹协调,包括行业协会、商会、非公有制企业、新经济组织等,通过中央社会工作部的统筹协调,从而推进整体、系统的治理体系的形成,也将会进一步推动行业协会商会深化改革和转型发展,为相关行业领域的培育和发展提供更好支撑。

总之,通过部门职能结构的调整实现对权力的重新优化组合,将原来需要在多个部门之间流转的事务集中到一个部门,可以大大提高决策和办事的效率,机构设置更加科学,职能更加优化,权责更加协同,运行更加高效。

本刊:此次党和国家机构改革中明确,中央社会工作部统一领导国家信访局,国家信访局由国务院办公厅管理的国家局调整为国务院直属机构。请您谈一谈这对我国的信访工作有何影响?

马宝成:信访工作是党的群众工作的重要组成部分,是了解社情民意的重要窗口。党中央、国务院高度重视信访工作,2022年刚刚出台了《信访工作条例》,指导各省市及各部门的信访工作。条例总结了党长期以来领导和开展信访工作经验,特别是党的十八大以来信访工作制度改革所取得的成果,为加强和改进信访工作提供了有力制度保障。

此次机构改革将国家信访局由国务院办公厅管理的国家局调整为国务院直属机构,并接受中央社会工作部的统一领导,将使信访工作得到进一步强化和优化,更好地发挥其社会稳定器的作用。此次机构改革前,国家信访局由国务院办公厅代管,其主要职责是保证信访渠道畅通,处理国内群众和境外人士的来信来访事项,反映来信来访中提出的重要建议、意见和问题,综合分析信访信息,开展调查研究,提出制定有关方针、政策的建议,协调处理跨地区、跨部门的重要信访问题等。

机构改革后,国家信访局升格为国务院直属机构,其政治地位大力提升,从而为接受中央社会工作部统一领导理顺了关系。不仅如此,调整为国务院直属机构后,国家信访局的话语权增大了,协调职能加强了。作为直属机构，国家信访局可以直接参加国务院有关重要会议，有关重要事项也可以向国务院领导直接汇报，有关信访的重大问题可以提交国务院常务会议研究。

中央社会工作部"统筹指导人民信访工作，指导人民建议征集工作"的职责也将进一步推动信访工作的开展，有利于征集民众建议，更有效地汇聚民意民情民智，为党政部门优化决策和增强政策执行力提供参考。随着中央社会工作部统筹指导信访工作，今后信访工作思路、工作方式、在基层开展等方面将走向更加规范健康的发展轨道。

本刊：通过此次党和国家机构改革，您认为党的社会工作和社会治理领域将呈现哪些趋势和特点？

马宝成：此次国家机构改革非常明确的一点就是党中央的机构将直接管理一些重要的社会工作。党的十九大之前的改革，大家可以看一下，严格来说，并不是党和国家机构改革，只是国务院机构改革和地方政府的机构改革。而党的十九大以后，党和国家机构的改革讲的是系统性和整体性。原来我们只谈党政关系，现在则从机构改革和职能整合的角度来考虑改革。

从功能上来看，中央职能部门不断加强其管理职能，该由党中央职能部门直接领导的工作就直接领导了。2018年机构改革中，中央组织部对中央机构编制委员会办公室、国家公务员局实施直接管理与统一领导；中央宣传部直接管理新闻出版、电影管理工作；中央统战部统一领导国家民族事务委员会，以加强党对民族工作的集中统一领导，并将国家宗教事务局并入中央统战部；中央统战部还统一管理侨务工作，将国务院侨务办公室并入中央统战部等，党的二十大之后中央统战部的规格进一步提高了，中央统战部部长由政治局委员直接担任。

今年的党和国家机构改革也同样是这样。组建中央社会工作部之后，非常明确地将一些工作职能改由党中央部门直接行使管理权。比如，《党和国家机构改革方案》明确地说明了将哪些部门的哪些职能划入中央社会工作部，特别是信访工作及其相关职能。为了实现党中央直接对信访工作的统一领导，此次改革把原来政府系统信访局的规格也作了一些调整，国家信访局

原来由国务院办公厅管理，提升至国务院直属机构之后，党中央开展直接管理。实际上，中央党校国家行政学院的改革也是如此。上一轮改革合并之后，国家行政学院在国务院系列里，还是国务院的直属机构，但是在整个运作上，是由党中央直接管理。国家信访局改成国务院直属机构，也是向社会明确了中央统一领导国家信访工作。

党中央机构对社会工作管理的有效整合和不断加强是上一轮改革、此次改革，甚至是今后国家机构继续完善及改革的一个非常重要的方向，这是值得政治学以及公共管理学研究关注的一个趋势。

总之，通过改革与整合，我认为中央社会工作部行使职能开展工作之后，将会对社会工作与社会治理的各个方面发挥重要作用。一方面，中央社会工作部将负责制定和实施国家社会工作发展规划，这将有助于进一步完善我们的社会工作政策与制度体系。通过设立中央社会工作部，更好地协调和整合社会工作资源，使得社会工作更加专业化和精细化，这将有利于提升社会治理的科学化水平，推动社会治理现代化进程。另一方面，面对日益增长的社会服务需求与日趋复杂的社会问题，我国社会工作存在着体制机制不健全、社会工作人才不足等问题，中央社会工作部的成立将为这些问题的解决提供有力支撑。同时，中央社会工作部的成立有利于提升社会工作服务质量和水平，对我们大家现在比较关注的社会公共服务的内容、方式等都会产生非常好的推动作用。中央社会工作部组建之后，必将进一步推动社会工作服务向覆盖广泛、深入基层、满足特殊群体需求的方向发展，能更好地回应人民群众多层次、差异化和个性化的新需求。

本刊：感谢您向本刊读者分享您的研究成果。

理论视野

严惠民　新时代中国共产党基层治理的根本战略思想研究

——认真学习习近平总书记关于群众工作的重要论述

刘正强　习近平总书记关于群众工作的前期论述探赜

胡洁人　舒启燕　关系为本：城市信访社会工作的实践策略及服务反思

新时代中国共产党基层治理的根本战略思想研究

——认真学习习近平总书记关于群众工作的重要论述

□ 严惠民*

摘要：文章阐释了习近平总书记全面践行"四下基层"的历史起点、发展进程和时代内涵，系统阐述了"四下基层"在时代发展进程中所蕴含的新时代党的群众工作的内在机理和本质规律，重点研究了党的十八大以来群众工作的发展特点和时代特征，尤其阐释了习近平总书记关于做好新时代群众工作的突出理论贡献和核心思想内涵。认真学习贯彻习近平总书记关于做好新时代群众工作的思想理论和工作要求，加强和完善新时代党建引领基层治理工作，全面加强基层治理体系和治理能力的现代化建设，具有极为重要的指导意义、现实价值和深远的历史意义。

关键词："四下基层" 群众工作 基层治理体系与治理能力现代化

新时代党的群众工作的生命力，在于持续增强党组织引领基层治理的组织力、号召力、影响力，在于深入推进党建引领基层治理的各项工作，这一战略问题直接关系到党和国家的长治久安、关系到中国式现代化的发展进程。党的十八大以来，以习近平同志为核心的党中央高度重视做好党的群众工作，高度重视并大力推进新时代党建引领基层治理的各项工作。基础不牢，地动山摇。新时代党的群众工作使命任务突出表现为，完善基层治理的

---

* 作者简介：严惠民，上海市督查人民内部矛盾化解工作办公室原副主任，现上海市信访学会理事、中共上海市徐汇区委党校特聘教授。

共建共治共享格局，全力推进基层党组织全面引领、政府职能部门主导、社会力量参与、社区居民互动的基层治理格局，不断提升基层社会网格化、精准化、标准化的"三化"管理和服务水平，推进实现基层治理自治、法治、德治的"三治融合"，充实和增强社区居民的获得感、幸福感、安全感。

正如习近平总书记指出："加强和创新社会治理，关键在体制创新，核心是人，只有人与人和谐相处，社会才会安定有序。社会治理的重心必须落到城乡社区，社区服务和管理能力强了，社会治理的基础就实了。"（中共中央文献研究室，2017：127）社会治理直面的是做人的工作，信访工作面对的也是做人的工作。在新时代社会治理背景下，事实证明，高质量做好信访工作是创新和完善基层治理的基础性工作和主要抓手。习近平总书记明确指出："各级党委、政府和领导干部要坚持把信访工作作为了解民情、集中民智、维护民利、凝聚民心的一项重要工作，千方百计为群众排忧解难。""真正把解决信访问题的过程作为践行党的群众路线、做好群众工作的过程。"（中共中央文献研究室，2017：163）因此，无论是社会治理还是信访工作，本质上都是做基层的群众工作，而做好基层的群众工作正是做好社会治理和信访工作的本质要求。

如何抓好基层治理工作？当年习近平同志在福建宁德工作期间就从"四下基层"开始破题。历史车轮持续向前，"四下基层"工作也持续深入推进，自习近平同志在福建宁德首创"四下基层"至今，时间已经过去了30余年。中国特色社会主义已经进入新时代，当年习近平同志倡导并践行的"四下基层"在当今的基层治理工作中又绽放出了新时代群众工作的时代光芒。

一、进入改革开放新时期，习近平同志开创了我党群众工作史上"四下基层"群众工作的新范本

中国共产党具有光荣的革命传统，其中最重要的传统之一就是组织开展群众工作。正是依靠了群众工作，我们的各项工作才具有了发展和胜利的基

础，这是胜利之源和发展之源。

进入改革开放新时期，习近平同志继承和发扬党的群众工作传统，开创了"四下基层"的群众工作新范本。

在河北省正定县工作期间，习近平同志主持起草了《县委一班人要遵守六项规定》，其中第二条规定：反对官衙作风，注重工作实效。要在调查研究上狠下功夫，实现新的突破。县委常委都要在农村和厂矿学校建立若干联系户和联系点；每年要有三分之一以上的时间深入基层，研究新情况，解决新问题。1984年新一届的正定县委、县人大、县政府、县政协四套领导班子成立不久，习近平同志就提出大家要到基层去调查研究，要一下到底，到基层寻求"源头活水"，调查所得要整理加工，提出工作意见和建议，并向县委汇报。习近平同志在正定县首创的领导干部到第一线定期接待群众上访、及时解决群众利益诉求的工作模式一直延续至今。

在福建省宁德工作期间，习近平同志把开展调查研究、密切联系群众作为党的领导干部的一项基本功，通过总结实践经验，率先提出并践行了"四下基层"的工作方法，就是"信访接待下基层、现场办公下基层、调查研究下基层、宣传党的方针政策下基层"。习近平同志调查研究时走遍了宁德的角角落落。宁德是福建省最落后困难的地区，而下党乡又是宁德最边远落后、交通最不便的地区。习近平同志第一次去下党乡调研的路上，"当时的党委书记杨奕周就拿一把柴刀，在习书记前面开路，一边走一边砍树杈、劈野草""习书记他们到达下党乡，每个人都是大汗淋漓"，乡里百姓说他是"到过这里最大的官"。后来，习近平同志又多次去下党乡调研，他在总结下党乡调研经验的时候，明确要求各级领导干部要到贫困地区去开展调查研究、解决群众的实际问题。

在福建省福州市工作期间，他全面推行宁德开创践行的"四下基层"，并推动"四下基层"制度化、规范化，主要方式方法就是开始实行市、县、区联合接访活动，了解群众疾苦，为群众排忧解难。他以身作则，每到接访日都与群众面对面交谈，直接解决信访问题。他常说的一句话就是，"共产党的基本功就是联系群众"。福州市当时有13个县（市、区），习近平同志每年上半年都要走一遍，下半年也要走一遍，每个县（市、区）要花上2到3天时间，而且是深入乡镇、街道、村居了解情况，倾听基层的真实反映。到每个县（市、区），他都要召开现场办公会，及时处理和解决问题，对以前发现的问题他要检查是否改进，发现新问题就要求及时整改。

在浙江省工作期间，习近平同志坚持调研开局、调研开路，凡事眼睛向下，问计于基层、问计于群众，每年至少用三分之一时间深入基层和部门调查研究，短短几年就跑遍了浙江。在基层调查研究中，习近平同志提出"下访接待群众是考验领导干部能力和水平的大考场，来访群众是考官，信访案件是考题，群众满意是答案"。2003年9月，习近平同志带着浙江省三级主要领导，到问题多、矛盾集中、群众意见比较大的浦江县接待来访群众，并明确要求预先告示、广而告之。以浦江下访为序幕，浙江省全面开展了领导干部下访活动，全省普遍建立了领导下访的长效机制。

在上海市工作期间，习近平同志仅工作了7个月零4天，就已经走过了上海市19个区县和各大口、各委办局一遍以上。在7个月零4天的时间里，习近平同志领导推动上海市实行了"三访三服务工作"，"三访"就是党员领导干部和机关党组织定期"下访"基层群众、基层党组织主动"走访"联系身边群众、党代表固定时间地点"接访"基层党员群众；"三服务"就是领导干部牵头协调协同服务、街镇窗口接待服务、基层群众自助互助服务。习近平同志指出："领导干部要与群众面对面接触，直接倾听群众呼声。要敢于到矛盾多的地方去，真正变被动接访为主动服务，变上来解决为上门解决。领导干部对信访工作既要'挂帅'，又要'亲征'。要真下，不能搞形式，走过场。""真正解决问题，要真下、敢下，要善始善终，件件有着落。"时任上海市委书记的习近平在基层社区下访和接访过程中，面对面与信访群众和居民代表交流沟通，听取意见和建议，在他的直接指导和具体协调下，解决了当时上海的多件信访难题。从习近平同志在上海市工作开始，全市领导干部下访接访成了上海市的一项工作制度。

习近平同志在地方工作期间总是强调，一个领导干部做工作想要抓住要害，就要把信访作为党联系人民群众的桥梁纽带，作为了解社情民意的窗

口，作为化解社会矛盾的稳压器（中央党校采访实录编辑室，2020）。他还强调，"各级领导必须放下架子，打掉官气，主动上门，把信访工作做到基层"（习近平，1992）。在河北省正定县、福建省、浙江省、上海市等地从政工作一路走来，习近平同志关于做好党的群众工作的思想方法和工作方法与时俱进、日益丰富和发展，至今已经发展成为党和国家坚持和发展新时代中国特色社会主义的重要思想方法论和工作方法论，成为指导当今我们做好基层治理各项工作及信访工作的根本行动指南。

二、进入中国特色社会主义新时代，"四下基层"具有了新的时代意蕴和现实发展方位

"四下基层"，即信访接待下基层、现场办公下基层、调查研究下基层、宣传党的方针政策下基层，在中国特色社会主义进入新时代后具有了全新的时代内涵和发展特点，与新时代群众工作的广泛深入开展、新时代党建引领基层治理的生动实践、群众工作在新时空的发展触角紧密结合起来，从而具有了新的时代意蕴和现实发展方位。"四下基层"既是历史的，更是现实的；既是群众工作的必然发展规律，更是当代群众工作的现实指向。

（一）"四下基层"本质上体现了中国共产党百年群众工作思想的主线

自中国共产党成立以来，党的一个最显著特点，就是党的领袖们及党的各级组织主动深入工人群众、农民群众中宣传救国救民的真理，发动和组织工人运动和农民运动。当中国革命遇到严重挫折之后，中国共产党更是经过深刻思考和总结，对党进一步深入工人和农民、旧军队以及知识分子开展群众工作有了新的认识和行动。深入基层、深入群众，是党的基本工作路线和基本的工作方法。经过革命、建设、改革的各个阶段，历史充分证明，做好群众工作是中国共产党的生命线。

中国共产党的 102 年发展史充分证明，我们党是世界上最重视基层建设的党，在开展群众工作的基础和基层方面：秋收起义后，毛泽东同志在人民

军队中首创党支部建在连上，开创了党指挥枪的光荣历史；邓小平同志对党的建设的工作提出要深入农村生产队、企业车间之中，"我们要把大量的工作放到群众中去，同他们一块生活，一块活动，一块说笑话，一块下棋"；江泽民同志提出党的建设要"把工作做到群众生产和生活实际中去"；胡锦涛提出党的建设工作要推行"凝聚力工程"、在"两新组织"中建立健全党的组织、提高党组织的覆盖面；习近平同志在提出并践行"四下基层"的基础上，提出深入实行"区域化党建"和"党建引领下的基层治理"的时代重大命题。关于中国共产党基层群众工作在新的历史时期的重要性，习近平同志有一个历史性的总结和整体性的概括："基层就是基础。基层组织是党的全部工作和战斗力的基础。正是依靠广泛的基层组织，使党有了坚实的基础，形成一个团结统一的整体；也正是依靠党的基层组织，使党能够深深地扎根于人民群众之中，顺利地实现党的领导。"（习近平，2007：111）中国特色社会主义进入新时代，习近平总书记立足治国理政的新的历史和现实的方位，进一步强调指出"党的工作最坚实的力量支撑在基层，经济社会发展和民生最突出的矛盾和问题也在基层，必须把抓基层打基础作为长远之计和固本之策，丝毫不能放松"（中共中央文献研究室，2017：131）。党的二十大后，党中央决定在全党大兴调查研究，印发了《关于在全党大兴调查研究的工作方案》，明确提出"调查研究要严格执行中央八项规定及其实施细则精神，轻车简从，厉行节约，不搞层层陪同。要采取'四不两直'方式，多到困难多、群众意见集中、工作打不开局面的地方和单位开展调研"。总之，在历史的发展进程中，中国共产党的群众工作始终随着时代的发展而发展，在发展中创新、在创新中发展。

（二）新时代"四下基层"是中国共产党第二个百年新征程上必须履行的历史使命和现实担当

第一，进入新时代，"四下基层"有了更深广、更长远的时代内涵，就是团结和依靠人民群众，开始第二个百年的新长征。人民群众是中国共产党长期执政的最强力量源泉和最大智慧宝库，正如习近平总书记在2022年12月26日至27日召开的民主生活会上指出，"要大兴调查研究之风，多到分

管领域的基层一线去，多到困难多、群众意见集中、工作打不开局面的地方去，体察实情、解剖麻雀，全面掌握情况，做到心中有数"。中国共产党没有任何自己特殊的利益，从来不代表任何利益集团、任何权势团体、任何特权阶层的利益，它所代表的就是中国最广大人民群众的长远利益和现实利益，中国共产党的根本宗旨是全心全意为人民服务，因此它的事业就是全体人民群众的事业。人民群众是事业发展的汪洋大海，我们共产党只是人民中的一小部分，我们只有紧紧依靠人民，创新保障和发展群众利益的工作机制，更加接地气，更好为人民，充分发挥好"上连党心、下接民心"的桥梁纽带作用，一切为了人民，一切依靠人民，形成众志成城的铜墙铁壁，新时代的中国特色社会主义事业才能拥有巨大无比、浩瀚广阔的磅礴力量，在前进的道路上我们才能勇毅前行、攻坚克难、战无不胜。

第二，进入新时代，"四下基层"有了更鲜明、更亮丽的政治底色和价值工作指向，就是坚持以人民为中心的发展思想，时代是出卷人，我们是答卷人，人民是阅卷人。做好新时代的群众工作，必须深入群众诉求多的地方去，坚持高质量地做好信访工作，坚持问题导向和效果导向，为民解难、为党分忧，维护好保障好发展好人民群众的现实利益。正如习近平总书记2022年3月1日在2022年春季学期中央党校（国家行政学院）中青年干部培训班开班式上明确指出，"要深入研究和准确把握新形势下群众工作的特点和规律，改进群众工作方法，提高群众工作水平。信访是送上门来的群众工作，要通过信访渠道摸清群众愿望和诉求，找到工作差距和不足，举一反三，加以改进，更好为群众服务"。在基层处理每一件信访案件时，在研究解决群众的各种诉求时，要将心比心，换取真心，而不能掉以轻心。群众也好，干部也好，人的感情都是一样的，并不是群众的感情可以简单一点，群众的要求可以降低一点（习近平，2006）。在2023年新年即将来临之际习近平总书记再一次强调，"中国这么大，不同人会有不同诉求，对同一件事也会有不同看法，这很正常，要通过沟通协商凝聚共识。14亿多中国人心往一处想、劲往一处使，同舟共济、众志成城，就没有干不成的事、迈不过的坎"。

第三，进入新时代，"四下基层"有了更厚实、更强大的基层治理之基础，全面推进国家治理体系和治理能力的现代化也有了基本的保障。基层治理靠什么？靠人民群众，依靠群众的力量解决基层治理中出现和发生的问题。历史唯物主义认为，群众是真正的英雄；人民，只有人民，才是创造世界历史的伟大动力。通过新时代的"四下基层"，持续深入坚持和发展新时代的"枫桥经验"，一方面，团结群众，教育群众，引导群众，凝聚起群众的力量，依靠群众的力量解决群众身边的问题。另一方面，切实解决群众的实际困难，并且发现实际工作中的差距和不足，使党和政府更好地为人民服务，使人民群众相信党是为了人民的利益而奋斗的政党，它除了人民群众的根本利益，没有自己政党的特殊利益。这样的基层治理，就有了最广泛和厚实的社会基础。

第四，进入新时代，"四下基层"保证我们在基层治理的各项工作中具有智慧和自信。在新的伟大历史征程上，统揽伟大斗争、伟大工程、伟大事业、伟大梦想，敢于斗争和善于斗争是回避不了的，只有通过"四下基层"，我们的斗争才会有更加坚实的力量之源。中国共产党是使命型的政党，要完成党的初心和使命，就必须深入人民群众之中，紧紧依靠人民。党离不开人民，人民离不开党，这是在中国共产党100多年的历史中形成的，是任何力量也改变不了的。正如毛泽东同志明确指出，"只要我们能够掌握马克思列宁主义的科学，相信群众，紧紧地和群众一道，并领导他们前进，我们是完全能够超越任何障碍和战胜任何困难的，我们的力量是无敌的"（毛泽东，1960）。在庆祝中国共产党成立100周年的大会上，习近平总书记指出，"江山就是人民、人民就是江山，打江山、守江山，守的是人民的心。中国共产党根基在人民、血脉在人民、力量在人民"（习近平，2021）。

第五，进入新时代，"四下基层"使我们拥有了更加广阔的战略视野和更加清晰的工作思路，这一视野和思路集中表现为新时代群众工作"变"与"不变"的战略格局之中。中国共产党"在任何时候任何情况下，与人民同呼吸共命运的立场不能变，全心全意为人民服务的宗旨不能忘，群众是真正英雄的历史唯物主义观点不能丢"（习近平，2018：367）。这里所讲的

"不能变""不能忘""不能丢"就是新时代群众工作永远不变的灵魂。同时，新时代群众工作要紧跟时代步伐，解答时代的提问，解决时代的问题，要有时代的特色。比如，做好新时代群众工作，一定要坚持全面依法治国。新时代我国社会主要矛盾的突出表征是人民群众对民主、法治、公平、正义、安全、环境方面提出了更高要求。法治能够在经济社会发展进程中找到平衡社会利益的最大公约数。法安天下，德润人心，其核心内容就是要维护和保障好人民群众的切身现实利益，不断增强人民群众合法利益得到保障的安全感和预期感。因此，在新时代的群众工作中，"各级领导干部要提高运用法治思维和法治方式深化改革、推动发展、化解矛盾、维护稳定能力，努力推动形成办事依法、遇事找法、解决问题用法、化解矛盾靠法的良好法治环境，在法治轨道上推动各项工作"（习近平，2020a）。而且，做好新时代群众工作，必须永远坚持党的群众工作与时俱进，与先进的科学技术发展紧密结合。随着社会的发展，群众的利益关系也发生了重大变化，社会利益关系结构、社会利益关系格局、社会利益关系内容等方面都出现了新的情况和变化。因此，老办法不管用，就需要研究新的方法和手段，过去运用的处理人民内部矛盾的方法和手段要守正创新、开拓前进。当前我国社会建设和基层治理的事实已经充分证明，新时代贯彻好党的群众路线，就必须善于把党的优良传统和新技术、新手段结合起来，创新组织群众、发动群众机制，以及为民谋利、为民办事、为民解忧的机制，从而更加有效地发挥我们党的群众工作优越性，把党的群众工作做得更加透彻、更加精准、更加细致，使其更具实际效果。

（三）信访接待下基层依然是新时代信访工作的重中之重、当务之急

进入新时代，社会主要矛盾发生了变化，发展进程的不平衡不充分问题尤其凸显，广大人民群众对社会公平正义的要求更加迫切，对信访矛盾的关注度也在持续提高。正因为社会主要矛盾的这种变化，对建立和健全回应型、服务型的政府提出了更新更高的要求，对信访工作及时回应人民群众的利益关切也提出了更新更高的要求。

在经济社会的快速发展和变动中，还应当看到，人民群众对自身在社会利益迅速变动中的利益变化十分敏感，对维护自身切身利益的关注相比过去提升，维权意识更加明显，这些都是我们应当通过群众的来信和上访及时加以关注和关心，并且予以感知的。信访工作对社会动态的感知、预警、预报工作，显得比以往任何时候都更加重要。

中国共产党党史和新中国史都告诉我们，信访工作必须要有正确的思想方法和工作方法，这就是从群众中来、到群众中去，一切为了群众、一切依靠群众，在群众之中善于与群众沟通交流，善于发现问题和解决问题。在新时代，信访工作通过"四下基层"、接访群众和持续下访，在第一时间和第一地点实行信访矛盾的源头治理，这是当今中国社会治理的一项十分重要的基础性工作和主要抓手。正如习近平总书记十分鲜明地指出，领导干部"下访不仅有利于检查指导基层工作，还有利于促进基层工作的开展与落实；不仅有利于为群众解决实际问题，还有利于培养干部执政为民的思想作风；不仅有利于及时处理群众反映的突出问题，还有利于密切党群干群关系；不仅有利于向群众宣传党的路线方针政策，还有利于培养干部把握全局、推进改革发展的能力。这是一项一举多得的有益创举。我们要进一步加强对这项工作的探索研究，不断深化这项工作，切实把这件事关群众切身利益和社会和谐稳定的大事做实、做细、做好"（习近平，2007：77）。

2020年3月30日，习近平总书记到浙江省湖州市安吉县社会矛盾纠纷调处化解中心调研时指出，"矛盾处理是一个国家、社会长治久安的一个基础性工作。解决问题的宗旨，就是为人民服务。老百姓都能够顺心满意，我们这个国家才能越来越好"。他还强调，"基层是社会和谐稳定的基础。要完善社会矛盾纠纷多元预防调处化解综合机制，把党员、干部下访和群众上访结合起来，把群众矛盾纠纷调处化解工作规范起来，让老百姓遇到问题能有地方'找个说法'，切实把矛盾解决在萌芽状态、化解在基层。安吉县的做法值得推广"。梳理当代中国基层治理的发展进程，习近平同志从福建宁德工作期间就提出"把心贴近人民"的"四下基层"，到新时代系统完整地提出信访工作要"了解民情、集中民智、维护民利、凝聚民心"，最后集中

到全面坚持"以人民为中心"的发展思想,切实要求把"以人民为中心"的发展思想具体落实到回应和解决群众诉求的信访工作的全过程和全环节。具体工作形式则是从信访接待下基层、现场办公下基层、调查研究下基层、宣传党的方针政策下基层的"四下基层"进一步延伸和发展到推进"下访与上访结合""线上与线下互动",实行省、地、县"三级联动"接访和解决群众诉求以及全面推广"问题联治、工作联动、平安联创"。这就将信访工作与基层治理、国家改革发展稳定的全局性工作紧密结合起来,体现了在基层社会坚持和发展新时代"枫桥经验"的实质内涵和根本精神。

三、新时代基层治理所蕴含的世界观和方法论

"四下基层"是习近平同志在福建宁德工作期间首创并践行的群众工作新范本,在历史的发展长河中,这种群众工作的新范本所蕴含的马克思主义的哲学观和方法论是始终指导我们党的群众工作与时俱进的内在机理和发展规律。恩格斯指出,"马克思的整个世界观不是教义,而是方法。它提供的不是现成的教条,而是进一步研究的出发点和供这种研究使用的方法"。显然,"四下基层"具有这种全面系统群众工作发展观的品质和规律。习近平总书记关于新时代群众工作的系统论述以及加强、完善基层治理的系列论述,正是全面体现了他的哲学观和人民观,体现了作为历史唯物主义的根本立足点,还体现了作为辩证唯物主义的系统发展观念。

(一) 坚持以人民为中心的思想立足点

人民性是马克思主义的本质属性。学习和掌握人民是历史主体的根本思想,坚持以人民为中心的思想立足点,是坚持并践行新时代党的群众工作的基本立场,是贯穿新时代群众工作始终的立场、观点和方法。习近平总书记始终强调,要学习和掌握人民群众是历史创造者的观点。人民是推动历史前进的真正动力,是真正的英雄。一切为了群众、一切依靠群众,从群众中来、到群众中去的群众路线,既是历史唯物主义基本原理在实际工作中的具

体体现，也是我们党始终坚持的根本工作路线和根本工作方法。要深刻认识密切联系群众的重要性，深入群众中寻找解决问题的方案和办法，深入研究新形势下群众工作的规律和特点，充分调动群众的积极性、主动性、创造性，拉近与群众的思想感情距离，不断提高为人民服务的实际本领（中共中央宣传部，2016）。习近平总书记在党的二十大报告中明确指出："党的理论是来自人民、为了人民、造福人民的理论，人民的创造性实践是理论创新的不竭源泉。一切脱离人民的理论都是苍白无力的，一切不为人民造福的理论都是没有生命力的。"理论的立足点来自实践，理论的目标是为人民服务，理论创新和发挥巨大作用的生命力就是广大人民群众生生不息的伟大实践，这就是推动我们践行新时代党的群众工作的基本思想方法和工作方法。

（二）践行系统发展的思想观念

践行系统发展的思想观念，表现为做好新时代党的群众工作，必须立足宏观，用力微观。微观与宏观构成事物发展的全面性和系统性，缺一不可。只有用普遍联系的、全面系统的、发展变化的观点洞察事物，才能把握事物发展的规律。

长期的群众工作证明，群众利益要通过公共政策来依法保护，通过民生实事来实际获得。制定宏观政策要有战略思想，主要是能够立足长远发展、立足持续发展、立足政策内容的衔接和平衡；做好微观服务要有战术方法，主要是保证民生服务能够达到精准，应当具体，实行项目化，确实做到"雪中送炭""下及时雨"。在宏观政策上的保障，能够实现广大人民群众对其发展利益的稳定感和预期感；在微观服务上的民生服务，能够实现广大人民群众对其利益保障的现实感、获得感、安全感。为了保障好人民群众的现实和发展的利益，在研究制定社会公共政策中，习近平总书记明确指出："社会政策要托底，就是要守住民生底线"，"我们是中国共产党领导和社会主义国家，党和国家就是为人民谋利益的，应该更好统一认识，在社会政策上把握好基调"，"要加强社会领域制度建设，扩大人民群众获得感，维护社会和谐稳定"（中共中央文献研究室，2017：90、93）。在具体的民生服务

项目上，习近平总书记强调"保障改善民生，要更加注重对特定人群特殊困难的精准帮扶。要在经济发展基础上持续改善民生，特别是要提高教育、医疗等基本公共服务数量和质量，推进教育公平"（中共中央文献研究室，2017：90）。他总是反复指出"就业是民生之本"，"就业是最大的民生工程、民心工程、根基工程，必须抓紧抓好"（中共中央文献研究室，2017：65、67）。通过研究总结全国民生工程推进和落实情况，习近平总书记进一步提出要"加快推进民生领域体制机制改革"，"推动公共资源向基层延伸、向农村覆盖、向困难群体倾斜，着力解决人民群众关心的现实利益问题"（习近平，2020b：343）。习近平总书记关于对群众工作的思想阐述和工作要求，立足现实，贯通历史，既有宏观的长远谋划，也有微观的工作要求，长远的发展谋划以确保群众工作的发展定力，微观的工作要求将群众工作定格到更加具体、更加精准的施行，从而使党的群众工作思想在新时代有了更加清晰的思路和阐述。

（三）立足全面推进基层治理体系现代化建设的社会治理价值观

"四下基层"所蕴含的世界观和方法论，本质上是基层治理的世界观和方法论，它在中国共产党治国理政的实践中体现出全新的时代特点。

一是将新时代群众工作纳入治国理政和党的建设的核心工程。习近平总书记指出："保持党的先进性和纯洁性、巩固党的执政基础和执政地位靠什么？最重要的就是靠坚持党的群众路线、密切联系群众。""得民心者得天下，失民心者失天下，人民拥护和支持是党执政的最牢固根基。人心向背关系党的生死存亡。"（习近平，2018：367、368）密切联系群众的基地在哪里？党群干群关系的联系点在哪里？就在基层，就在基层治理的实践中，基层是民心民意的"直接窗口"。因此，党的十八大后开展的群众路线教育实践活动，更加重视推进党员干部队伍深入基层治理的第一线实践、深入基层群众中开展工作，更加重视将学习、明理、践行、修心相互结合，更加重视大力推进群众工作的"学思用贯通、知信行统一"。习近平总书记指出："人民是党执政的最大底气，也是党执政最深厚的根基。正是从这个意义上讲，民心是最大的政治。"（习近平，2020b：137）习近平总书记在党的二十大报告中进一步强调"三个始终",即始终保持同人民群众的血肉联系,始终接受人民批评和监督,始终同人民同呼吸、共命运、心连心。

二是将新时代群众工作纳入推进国家基层治理体系和治理能力现代化的体系范畴。这些工作体系范畴主要表现是:健全为人民执政、靠人民执政各项制度;把尊重民意、汇集民智、凝聚民力、改善民生贯穿党治国理政全部工作之中;贯彻党的群众路线,完善党员、干部联系群众制度,创新互联网时代群众工作机制,始终做到为了群众、相信群众、依靠群众、引领群众,深入群众、深入基层。健全联系广泛、服务群众的群团工作体系(中国政府网,2019)。国家治理体系和治理能力所要直面解决的问题,主要就是坚持群众路线和群众工作的主要内容,两者紧密结合、相互贯通。以习近平同志为核心的党中央始终强调,群众路线是党的工作的生命线,要把工作的着力点真正放到研究解决改革发展稳定的重大问题上,放到研究解决群众生产生活的紧迫问题上,放到研究解决党的建设的突出问题上,坚持以求真务实精神去抓落实,并在抓落实的实践中不断提高求真务实、为群众谋利益的自觉性和坚定性。(《十八大以来中国共产党治国理政新方略》编写组,2013)

三是将新时代群众工作纳入反对形式主义、官僚主义的长期斗争范畴,因为形式主义、官僚主义是我们党长期执政需要坚决反对和克服的不正之风。列宁曾深刻指出:"我们内部最可恶的敌人就是官僚主义者";"我们所有经济机构的一切工作中最大的毛病就是官僚主义。共产党员成了官僚主义者。如果说有什么东西把我们毁掉的话,那就是这个";"为了人民的利益,国家机关必须清除一切官僚主义"(胡鞍钢、胡联合等,2005)。坚持党的群众工作和群众作风,必须与反对"四风"结合在一起,才能有好的实际效果。习近平总书记指出,"党内脱离群众的现象大量存在,一些问题还相当严重,集中表现在形式主义、官僚主义、享乐主义和奢靡之风这'四风'上"(习近平,2018:368)。随着全党开展党的群众路线教育实践活动的不断深入,习近平总书记进一步指出"'四风'问题具有顽固性反复性,纠正'四风'不能止步,作风建设永远在路上。形式主义、官僚主义同我们党的性质宗旨和优良作风格格不入,是我们党的大敌、人民的大敌"。事实充分

证明，基层治理必须强调求真务实、实事求是、务求实效。基层治理的实际效果如何，关键是对形式主义和官僚主义的清除效果如何。在基层治理实践中，必须充分认识形式主义、官僚主义的多样性和变异性，摸清形式主义、官僚主义在不同时期、不同地区的不同表现，紧密联系具体实际，既解决老问题，也察觉新问题；既解决显性问题，也解决隐性问题；既解决表层次问题，也解决深层次问题，抓出习惯，抓出长效（习近平，2020b：500、501）。

综上所述，历史充分证明，做好新时代党的群众工作，必须重点加强和完善党建引领基层治理工作，这是一个治国理政的理论问题，也是一个事关社会治理的现实问题；既是一个极为重要的战略方向问题，也是一个极为重要的战术工作问题；既是一个事关改革发展稳定的全局性工作，更是一个加强基层治理体系和基层治理能力现代化建设的迫切工作。

参考文献：

胡鞍钢、胡联合等，2005，《转型与稳定——中国如何长治久安》，人民出版社，第455—456页。

毛泽东，1960，《毛泽东选集》（第4卷），人民出版社，第1204页。

《十八大以来中国共产党治国理政新方略》编写组，2013，《十八大后中国共产党治国理政新方略》，中共中央党校出版社，第119页。

习近平，1992，《摆脱贫困》，海峡出版发行集团、福建人民出版社，第61页。

习近平，2006，《干在实处　走在前列——推进浙江新发展的思考与实践》，中共中央党校出版社，第532页。

习近平，2007，《之江新语》，浙江人民出版社。

习近平，2018，《习近平谈治国理政》（第1卷），外文出版社。

习近平，2020a，《论坚持全面依法治国》，中央文献出版社，第15页。

习近平，2020b，《习近平谈治国理政》（第3卷），外文出版社。

习近平，2021，《在庆祝中国共产党成立100周年大会上的讲话》，人民出版社。

中共中央文献研究室，2017，《习近平关于社会主义社会建设论述摘编》，中央文献出版社。

中共中央宣传部，2016，《习近平总书记系列重要讲话读本（2016 年版）》，学习出版社、人民出版社，第 283 页。

中国政府网，2019，http：//www. gov. cn/zhengce/2019 – 11/05/content_5449023. htm。

中央党校采访实录编辑室，2020，《习近平在宁德》，中共中央党校出版社，第 116 页。

The Fundamental Strategic Concept of the CPC's Grass-roots Governance in the New Era

Yan Huimin

Abstract: This article explains the historical starting point, development process and era connotation of Xi Jinping's comprehensive implementation of "Four aspects in the primary-level work", and comprehensively and systematically expounds the intrinsic mechanism and content of the Party's mass work in the new era that is enriched in the development process of the times by "Four aspects in the primary-level work". It focuses on the study and exposition of the development characteristics since the 18th National Congress of the Communist Party of China, especially the outstanding theoretical contributions and core ideological connotations of General Secretary Xi Jinping on doing a good job in mass work in the new era. Conscientiously studying and implementing General Secretary Xi Jinping's ideological theory and work requirements on doing a good job in mass work in the new era

has great guidance significance, practical value and far-reaching historical significance for strengthening and improving party building in the new era to lead primary-level governance, and for comprehensively strengthening the modernization of primary-level governance systems and governance capabilities.

Keyword：CPC, Grass-roots Governance, the New Era, Strategic Concept

习近平总书记关于群众工作的前期论述探赜

□ 刘正强[*]

摘要： 群众路线在我国政治生活中占有重要地位，它不但是我们党重要的执政理念、领导方式，还是完善国家和社会治理结构的基础和支撑理论，更是最宝贵的执政资源和治理手段。在完善和发展中国特色社会主义制度，推进国家治理体系和治理能力现代化的今天，群众路线仍是我们党治国理政、定国安邦的法宝，为中国特色社会主义提供了最广泛、最可靠、最牢固的群众基础和力量源泉。习近平总书记在主持中央工作前关于新形势下群众工作的一系列论述和观点，丰富和发展了群众路线的内涵，具有鲜明的理论特色和时代特征，构成习近平新时代中国特色社会主义思想的重要起点。

关键词： 习近平总书记　群众工作　群众路线　优质资源　国家与社会治理

在中国政治语境中，作为毛泽东思想活的灵魂三个基本方面之一的群众路线，是中国共产党人在长期的革命斗争实践中凝结而成的一笔宝贵的政治财富，是实现党的思想路线、政治路线、组织路线的根本工作路线。由于承载着中国共产党倾听民众呼声、增强政治认同、促进社会团结的执政理念，群众路线为新时代中国特色社会主义提供了最广泛、最可靠、最牢固的群众基础和力量源泉。在完善和发展中国特色社会主义制度，推进国家治理体系

---

* 作者简介：刘正强，上海社会科学院社会学研究所副研究员，上海市习近平新时代中国特色社会主义思想研究中心研究员。

和治理能力现代化的今天，群众路线不仅仍是我们党治国理政、定国安邦的法宝，还是完善国家和社会治理结构的基础和支撑理论，更是最宝贵的执政资源和治理手段。

习近平总书记在主持中央工作前，曾有长期的地方工作经历，对群众工作有着切身体会。到中央工作后，他也十分重视群众工作并有系统论述。习近平总书记的"群众观"，建立在他对群众路线的深刻把握、对中国国情的深入了解和对人民群众的深厚感情基础上。在中国社会结构急剧转型，尤其是世情国情党情乃至政治生态与社会治理充满弹性变化的今天，学习习近平总书记早期关于群众工作的论述，对于我们重新认识和发掘群众路线的功能和价值，准确把握群众工作的特点要求、基本指向，创新群众工作的主要内容、方式方法都具有重要意义。

一、习近平总书记对新形势下群众工作形势有着科学判断

长期以来，特别是在战争年代，贯彻群众路线、做好群众工作是我们的强项和优势，成为我们战胜一切敌人和困难的法宝。但在今天，党的群众工作有弱化的倾向，不想深入群众、不敢面对群众、不会动员群众、不能说服群众已经成为党内存在的突出问题，需要引起我们的重视。反思这种弱化的原因，除了在思想认识根源方面有相当部分党的领导干部和政府官员对和平时期的群众路线、群众工作的重要性认识不足，导致在党和政府的工作中放松了这方面的要求外，新世纪新阶段我们党执政环境的变化是一个更为重要的原因。

习近平同志关于群众路线的一系列论断建立在对世情国情党情的科学认识基础上，他本人无论是早年作为一名上山下乡的知青，还是后来逐步走上领导岗位，都积极深入基层、躬身社会实践，为了解中国社会打下了基础。他强调，"在不同历史时期和不同发展阶段，群众工作会有不同的具体特点。随着改革开放的深入和社会主义市场经济的发展，群众工作对象更加多样化，群众工作内容更加丰富，群众工作环境越来越复杂，群众工作组织网络需要进一步健全"（中国政府网，2011）。习近平同志要求全党把做好新形

势下群众工作摆到更加突出的位置,不断增强群众工作的针对性和有效性。他说,"实践告诉我们,群众路线、群众工作是我们党任何时候都不能丢的传家宝;背离群众观点,丧失群众立场,违反群众路线,放弃群众工作,改革就会失去支持,发展就会失去动力,稳定就会失去基础"(中国政府网,2011)。

当前,人民群众的构成情况发生了重大变化,涵盖了不同地域、不同阶层、不同职业的人群,成为一个更加广泛、更加多元的概念,这同战争年代以及新中国成立初期我们面对的群众主要体现为几个阶级阵营的鲜明情况有很大不同。以前,群众工作的目标明确、单一,人民群众主要是被动地响应党的号召,主动的利益诉求较少。而现在人民群众的利益多元、诉求多样,共享改革开放成果的期望提高。由于文化、心理、价值、道德、伦理等日趋多元化,人们思想活动的独立性、选择性、多变性、差异性明显增强。现在随着整个社会开放性、流动性的增强,传统的机制已很难发挥作用。深入研究形势和任务的发展变化对群众工作提出的新要求是我们发挥群众路线优势、做好群众工作的前提。习近平同志对当前群众工作形势的研判是我们强化群众工作的理论与实践起点。

二、习近平总书记对新形势下群众工作要求有着准确把握

群众路线是在血雨腥风的战争年代产生的。在一些人看来,在战争年代党动员群众,密切同群众的联系,把自己融入群众之中,是夺取政权的需要。在党已取得政权的情况下,党的各项工作要围绕发展经济,依靠各级政府部门来展开,对社会管理的专业化、知识化、技术化要求更高,群众工作并不那么重要了。而且,经济工作搞好了,会带来群众收入的提高和福利的改善,从而增强人们对党和政府的认同。这是一种普遍存在的错误观点。他们没有看到,在当今中国的政治生态和社会结构中,党和人民群众鱼水关系、血肉联系的重要性丝毫不亚于战争年代。如果党疏远和脱离群众,最终会损害执政的根基。

习近平同志有长期的基层工作经验。在当知青的岁月里,他与当地百

姓建立了深厚的情谊，初步形成了朴素的群众观念。在返城工作一段时间后，他放弃在北京的优越生活，主动要求去基层工作。他对基层群众充满感情，是群众路线的躬身践行者。在浙江工作期间，习近平同志在当地报纸上开设"之江新语"专栏，就群众路线和群众工作进行了初步论述。到中央工作后，习近平同志仍然在不同场合强调群众路线、群众工作的重要性，强调党同人民群众的关系如何直接关系到党和国家的盛衰兴亡；而处理新时期人民内部矛盾也成为对党执政能力和水平的新考验。这二者共同构成群众工作的中心，并形成了"群众工作的本质是密切党群关系，核心是正确处理人民内部矛盾"的崭新论断，提炼出群众路线与群众工作的理念。

在新的历史条件下，党群关系所面临的客观环境、任务等与过去相比有很大不同。老一辈革命者都有在长期艰苦的斗争中与群众同甘苦共命运的经历，他们经受过磨练，与群众形成了鱼水般的亲密关系，既了解群众，也掌握做群众工作的方法。然而现在一些年轻领导干部，学历层次高，知识面广，但缺乏与群众同甘共苦的经历，不善于、不屑于、不敢于做群众工作，他们在决策中过于依赖专家，而真正面对群众时，却往往处于失语状态，这就直接导致了政治信任的流失。习近平同志早在浙江工作时就提出，"我们要始终牢记，心系群众鱼得水，背离群众树断根。事实充分证明，领导干部做好'样子'，其同群众的关系就密切，工作起来就会得心应手；'官架子'大，其同群众的关系就疏远，工作起来就会举步维艰"（习近平，2007）。习近平同志把群众工作的本质定位于密切党群关系，抓住了群众工作的根本，具有现实意义。

人民内部矛盾是现阶段影响社会稳定的主要因素。人民内部矛盾的根本性质属于非对抗性，但如果我们处理不当也会激化矛盾，以致发展到对抗的地步，成为社会不稳定因素。习近平同志把正确处理人民内部矛盾看作群众工作的核心，并且强调，"一切社会管理过程都是做群众工作的过程"，"群众工作是社会管理的基础性、经常性、根本性工作"，这为我们做好群众工作指明了方向。

三、习近平总书记对新形势下群众工作内容有着系统思考

在战争年代，群众工作的内容相当明确。毛泽东早在 1927 年为红军规定的"打仗、筹款、做群众工作"三项任务中就包含群众工作，而另外两项也与群众工作密切相关，是群众工作的主要内容。在艰苦的革命岁月里，敌我力量对比悬殊，常常敌强我弱，但得道多助，群众路线和群众工作决定了人心向背和革命的最终胜利。新中国成立后至改革开放前，我们在城市通过单位制、在农村通过人民公社制实现了对社会的整合，党仍然具有极强的动员能力。这在保持社会稳定的同时几乎使社会陷入停滞，特别是受"文化大革命"的影响，以群众运动和"运动群众"代替了群众路线和群众政策，给社会主义事业造成了危害。改革开放后，群众工作的目标、任务、宗旨没有变，但由于党的执政环境日趋开放、人民群众的要求日趋多元，特别是随着法律制度的健全和国家机构的完善，以前需要通过动员群众来完成的任务可以依赖组织机构来完成，这使群众工作面临虚置的危险。

习近平同志是群众路线的忠实践行者，也是群众工作创新的先行者，他到中央工作后关于群众工作的一系列论述无疑得益于他长期的群众工作实践。在浙江工作时，他要求做好"疏民气、解民忧、通民情、安民心"等方面的工作，"发展民利，解决民困，解除民忧，维护民生"，以更好地"体现民意、集中民智、凝聚民心、激发民力"，即使对待外来农民工也要使他们"来者有其尊、劳者有其得、工者有其居、优者有其荣"，通过扎扎实实的群众工作，"把他们的认识统一好，把他们的利益维护好，把他们的力量引导好，把他们的积极性发挥好"（中国政府网，2006）。到中央工作后，习近平同志反复告诫，要从人民群众最关心最直接最现实的利益问题入手，紧抓民生之本、解决民生之急、排除民生之忧，真心为群众着想，全力为群众造福，办好顺民意、解民忧、惠民生的实事，维护好、实现好、发展好最广大人民的根本利益。在 2011 年省部级主要领导干部社会管理及其创新专题研讨班上，习近平同志对群众工作的内容进行了新的概括："在新的

形势下，保障和改善民生、帮扶困难群众、教育引导群众、协调利益矛盾、疏导群众情绪等，已经并将继续丰富和拓展群众工作的内容和范围。"在稍后第48期省部级干部进修班上，习近平同志又进一步将其归纳为"联系群众、宣传群众、组织群众、服务群众、团结群众"（新华网，2011）。这同时体现了群众工作的方法和要求。

如果说在战争年代和新中国成立初期，人民群众为了革命和建设事业做出了许多贡献和牺牲，那么在今天国力大大增强的情况下，人民群众有理由享受、我们有责任提供更丰富更公平的发展成果。以前是"我们要求群众做"，现在则可能是"群众要求我们做"，如果不能及时回应人民群众的需求，对基层的要求、期望麻木不仁、漠视不理的话，这是相当危险的。多年前，时任浙江省委书记的习近平曾借用苏东坡《晁错论》中的一段话叮嘱市县负责同志："天下之患，最不可为者，名为治平无事，而其实有不测之忧。坐观其变，而不为之所，则恐至于不可救。"大意是，太平没事的时候，你也许可以不管群众，但一旦有事，你就不可救了（习近平，2005）。这是十分值得殷鉴的。

四、习近平总书记对新形势下群众工作方法有着清醒认识

新形势下，群众工作所面临的主要挑战就在于部分领导干部患了"权力依赖症"，习惯于依靠硬性、简单的行政权命令来开展和推进群众工作。还有一些领导干部，尽管有做好群众工作的愿望，但因为缺乏正确的方式方法致使事倍功半。（黄俊尧、张建光，2012）。难道传统的群众工作方法不灵了吗？或者说办事情做决策不需要直接倾听群众的意见了吗？

习近平同志以自己的身体力行给出了答案。他无论在哪个领导岗位上，都能带头深入基层、深入农村、深入百姓，察实情、办实事、求实效。他认为，"当县委书记一定要跑遍所有的村，当地（市）委书记一定要跑遍所有的乡镇，当省委书记一定要跑遍所有的县市区"。在正定，他跑遍了所有村；在宁德，他到任3个月就走遍了9个县，后来又跑遍了绝大部分乡镇；到任浙江后，用一年多时间跑遍了全省90个县市区（新华社，2012）。针对部分

领导干部做群众工作的动力不足、能力不够、方法不多的问题，他指出，现在有的领导干部很会做"领导工作"，但不会做群众工作。不要以为坚持群众路线是老生常谈，现在基层出现的问题很多都是因为没有重视群众工作。"群众在我们心里的分量有多重，我们在群众心里的分量就有多重。"（习近平，2005）到中央工作后，习近平同志进一步把群众工作的方式方法提炼为"做到谋划发展思路向人民群众问计，查找发展中的问题听人民群众意见，改进发展措施向人民群众请教，落实发展任务靠人民群众努力，衡量发展成效由人民群众评判"（习近平，2011）。

群众路线被一些学者看作是中国对马克思主义理论最具原创性的贡献。王绍光将群众路线诠释为一种逆向公众参与模式，它所强调的是决策者必须主动、持续地深入群众中去，而不是坐等群众前来参与（王绍光，2009）。[①]现在许多地方设置了叠床架屋式的机构，有许多"窗口"，但怯于直接面对群众，对于信访群众工作也是躲躲闪闪，这是非常危险的。

"人民对美好生活的向往，就是我们的奋斗目标。"2012年11月，习近平同志当选总书记后的首次公开讲话，宣示了他带领中国共产党执政为民的坚定决心。他满怀深情，用平实、朴素的语言表达和回应人民群众的美好愿望，"我们的人民热爱生活，期盼有更好的教育、更稳定的工作、更满意的收入、更可靠的社会保障、更高水平的医疗卫生服务、更舒适的居住条件、更优美的环境，期盼着孩子们能成长得更好、工作得更好、生活得更好"（新华网，2012）。此后，他主持中央政治局会议，议定改进工作作风、密切联系群众的"约法八章"，承诺多到群众中去、轻车简从、开短会、讲短话、减少交通管制和厉行勤俭节约等，获得海内外的广泛好评。

无疑，习近平总书记在主持中央工作前关于新形势下群众工作的一系列论述和观点，坚持了以人民为中心的发展思想，丰富和发展了群众路线的内

---

① 王绍光认为，对公众参与政治模式的讨论假定为：在政策制定过程中存在一扇门，决策者在里面，公众在外面，建立公众参与制无非是把原来紧锁的门装成虚掩的弹簧门，公众参与就好比公众推开了那扇门，得以登堂入室。不过矜持的决策者却不会走出户外。毛泽东等中国革命的领导人对参与的理解截然不同，他们主张决策者必须走出户外，主动深入民众中去，这就是著名的"群众路线"。

涵，充分体现了发展为了人民、发展依靠人民、发展成果由人民共享的执政理念，具有鲜明的理论特色和时代特征，构成习近平新时代中国特色社会主义思想的重要起点。

参考文献：

黄俊尧、张建光，2012，《"民情档案"、群众路线与社会资本——重塑政治信任的一项地方实践》，《浙江学刊》第3期。

王绍光，2009，《毛泽东的逆向政治参与模式——群众路线》，《学习月刊》第23期。

习近平，2005，《干部失语的背后是严重疏离群众》，《人民日报海外版》9月5日，第10版。

习近平，2007，《之江新语》，浙江人民出版社，第138页。

习近平，2011，《领导干部要不断提高新形势下群众工作水平》，《党建研究》第2期。

新华社，2012，http：//www.cq.xinhuanet.com/2012-12/25/c_114149799.htm。

新华网，2011，http：//news.xinhuanet.com/politics/2011-01/06/c_12949973.htm。

新华网，2012，http：//news.xinhuanet.com/18cpcnc/2012-11/15/c_123957816.htm。

中国政府网，2006，http：//www.gov.cn/zwhd/2006-11/01/content_429969.htm。

中国政府网，2011，http：//www.gov.cn/ldhd/2011-02/24/content_1809442.htm。

An Exploration of General Secretary Xi Jinping's Early Discussions on Mass Work

Liu Zhengqiang

Abstract：The mass line occupies an important position in our country's political life. It is not only an important governing concept and leadership method of our party, but also the foundation and supporting theory for improving the national and social governance structure. Today, as we promote the modernization of the national governance system and governance capabilities, the mass line is still the traditional magic weapon for our party to govern the country, providing the broadest, most reliable and solid mass foundation for socialism with Chinese characteristics. Xi Jinping's series of views and discussions on mass work under the new situation before taking office as General Secretary have distinctive theoretical characteristics and characteristics of the times, enriching and developing the connotation of the mass line, and forming an important starting point for Xi Jinping's thought on socialism with Chinese characteristics for a new era.

Keyword: General Secretary Xi Jinping, Mass work, High – quality Resources, National and Social Governance

关系为本：城市信访社会工作的实践策略及服务反思*

□ 胡洁人　舒启燕**

摘要：本文围绕社会力量如何有效参与信访矛盾化解这一核心问题，立足关系视角，将“点、线、面、体”四个关系概念对应的“关系主体、关系链、关系网络、关系世界”四个关系层面构建起“关系视角型信访社会工作”的框架，以上海市“Z”项目为例，运用质性研究的方法，分析社会工作介入信访积案化解的有效服务策略，以期为解决信访积案提供新的实践指引。研究发现，关系视角与社会工作专业服务的有机结合成为化解信访积案的核心。关系既是一种干预手段，也是信访社会工作实践的基础。在“关系优先”的服务策略下，社会工作者围绕“认知调整、人际互动、社会支持、社会倡导”四个关系维度开展服务，取得了明显成效。在认知调整方面，通过端正化解态度、激发理性情绪、巩固信访诉求的策略，重构老信访户的关系主体；在人际互动方面，通过推动老信访户与政府部门之间建立交换关系、互动关系和合作关系，构建老信访户的关系链；在社会支持方面，通过协助老信访户构建家庭支持系统、朋辈支持系统和社区支持系统，再构老信访户的关系网络；在社会倡导方面，通过对老信访户提出合理诉求的满足，鼓励多主体参与信访积案的化解，推动信访领域社会环境的变革。

关键词：社会工作　信访积案　服务策略　关系视角

* 基金项目：本文受到互联网法治研究院（杭州）2021 年度互联网法治重点研究课题支持。

** 作者简介：胡洁人，浙大城市学院法学院特聘研究员，博士生导师；
舒启燕，上海公益社工师事务所，中级社工师。

一、研究背景与研究问题

信访是我国民众反映诉求、表达意愿、维护权益的重要途径。面对大量的信访事项，过分依赖行政力量和手段可能难以有效化解信访矛盾。尤其在信访积案化解的过程中，由于这些积案极具复杂性，诸多案件还是历史遗留问题，化解难度极高，亟须突破。一方面，由于信访矛盾遗留时间长，信访对象的诉求通常会不断增加，导致越级上访、重复上访、缠访和闹访事件频发。特别是在城市化进程加快的背景下，征地拆迁利益受损和动拆迁补偿等矛盾日益凸显，民众的诉求在正式途径得不到回应时，大都转向信访。另一方面，由于信访部门权责有限，主要通过督促相关责任部门针对信访问题的解决进行拍板和处理，其作用和功能近乎"中介"和"协调"，难以直接及时回应信访对象的诉求。由此，容易导致民众与信访部门、其他政府部门之间的矛盾不断发酵，冲突不断激化。因而，在传统行政手段效果受限的情况下，"创新化解信访积案的方法"迫在眉睫（陈世瑞、石君磊，2015）。

在此背景下，引入第三方社会力量介入信访工作便成为一种可能的创新选择。2019 年，党的十九届四中全会通过《中共中央关于坚持和完善中国特色社会主义制度 推进国家治理体系和治理能力现代化若干重大问题的决定》，其中明确地指出，"坚持和发展新时代'枫桥经验'，畅通和规范群众诉求表达、利益协调、权益保障通道，完善信访制度，完善人民调解、行政调解、司法调解联动工作体系，健全社会心理服务体系和危机干预机制，完善社会矛盾纠纷多元预防调处化解综合机制，努力将矛盾化解在基层"。可以说，运用更加谨慎、科学的态度和干预方式的多元化解机制，成为当前党和国家在化解信访矛盾中力推的主要方式。其中，社会组织作为多元化解机制中的重要一环被旗帜鲜明地予以明确，既是对过往社会组织经验的高度认可，也是对未来社会组织在社会矛盾纠纷化解方面的一种期许。

为了破解新形势下信访矛盾化解的难题，上海较早地采用第三方社会力量介入信访工作，成为在全国范围内发展较成熟的地区。从社会工作服务机构参与化解信访矛盾的具体实践来看，许多服务可谓卓有成效。以上海市

"Z"项目为例,自2012年开展信访社会工作服务项目以来,每两年为1轮,目前已开展5轮长达10年之久的专业服务。在5轮项目开展的338例个案中,已有169例案结事了或息诉罢访,化解率达到50%①,成为妇联柔性治理(Hu,Wu and Fei,2018)和社工专业知识有机结合做法的典型服务品牌。基于此项目的成功经验,本文尝试厘清在信访矛盾的积案化解中,社会工作者所采用的服务策略,为进一步发展有效的信访社会工作实践模式提供参考。基于引入社会力量参与信访积案化解的大背景,本研究关注的核心问题是:社会工作者在参与信访积案化解时,体现了哪些实践智慧来处理和协调多方关系?采用了哪些服务策略来最终实现积案化解?上述服务策略对于我国信访社会工作的发展有哪些启示?

二、文献回顾与研究设计

(一)文献综述

纵观现有的文献,学术界关于信访制度的变革、信访部门的日常工作、信访群体的行动方面的研究已经取得较多成果。相较而言,就如何有效化解信访矛盾这一问题,仍难有定论,需要更多的关注与讨论。此外,对于传统的信访工作来说,信访纠纷的解决主要依赖政府各部门间的合作。不过,时至今日,第三方社会力量参与信访矛盾化解已经成为社会共识,信访社会工作也被视为"社会管理创新的新尝试"(范明林,2012)、"社会理性秩序的助推器"(吴越菲,2012),社会组织与社会工作者能够在化解信访矛盾中发挥一定作用这个命题得到较为普遍的认可。尽管如此,信访社会工作领域的相关理论与实践研究仍是处于总体数量相对较少、整体质量良莠不齐的状态之下,尚待进一步发展。

首先,就研究主题而言,当前的研究已经涵盖了社会工作介入信访矛盾的优势与意义分析、可行性与必要性分析、角色和功能定位研究、机制和制

---

① 数据来源:上海市"Z"项目内部文件资料,数据截至2021年9月30日。

度探究、专业实践探索等诸多议题。但是，整体来讲，大部分研究者采取上层视角，对该领域具体实践策略的研究还远远不够，很难启示与指导实务工作的具体开展。

其次，就具体实践的研究而言，大部分研究者只能简单总结社会工作者使用的专业理论与方法，例如，运用个案管理的方法服务信访户（王震、杨荣，2016），简化了信访社会工作服务应有的内容和逻辑，缺乏对信访矛盾的深刻理解。当然，一些研究已经意识到，信访问题的产生有着复杂的历史原因、政策原因甚至伦理原因，涉及党政部门、上访户、多种社会力量（如专业律师、媒体）等多元主体，提倡持有更加整体性的视角（裴坤鹏，2016）。

最后，信访制度极具中国特色，信访社会工作亦是社会工作本土化的试验田。我们不仅要讨论社会工作专业知识体系与实务技能在该领域的适用性，例如，尝试"社区为本"的实践范式（方萍，2014），也要探索本土视角，对本土经验进行总结。

综上所述，虽然"关系"很早就出现在各学科大师们的论著中，但是如今在社会工作专业实践，特别是在信访社会工作的实践中，将关系理论运用于信访工作的研究目前仍然屈指可数。因此，本研究将围绕上述研究不足，进一步讨论在关系理论的视角下，社会工作专业实践参与化解信访积案的过程，尤其是社会工作者采用的服务策略。

（二）研究设计

本研究主要关注的是信访积案如何化解的问题，正如研究中国社区冲突与矛盾化解的学者戴蒙特（Diamant）所言，为了了解当事人的想法和意见表达，避免因官方介入而影响对真实情况的揭露，应当更加注重定性的研究方法（Diamant，2000）。本研究也认为，我们很难通过应然的理论推演或固态的模型设计予以信访积案化解的复杂过程一个全面的理解，因而，采用质性研究（Guantitative Research）的研究方法更为适宜。

本文研究者作为"Z"项目具体执行机构中的服务者和管理者，对"Z"项目中的老信访户、信访社工熟悉度高，与项目相关利益方，如项目购买方、项目落地方、项目督导方、项目评估方都建立了良好的专业关系，便于

在研究过程中进行资料的收集。同时，研究者作为上海本地人，拥有语言优势和社区资源优势，为资料收集提供了基础保障。

本研究采用三种资料收集方法，分别是文献法、访谈法和参与式观察法。

1. 文献法

本研究主要对研究者所在的社会工作服务机构以及负责参与和实施的社会工作服务项目（"Z"项目）的相关历史档案、访谈资料等二次文献进行梳理。

2. 访谈法

对"Z"项目涉及的老信访户5人、信访社工6人、政府工作人员4人共15名访谈对象进行深度访谈，每人访谈的时间约为120分钟。访谈主要围绕"社会工作者在个案服务中的步骤、方法、角色、策略和成效""政府部门化解信访积案的方法、步骤和策略""服务对象的上访心路历程"等内容展开。

出于保密原则，本文将个案中所涉及的访谈对象信息全部进行匿名化处理，由于各类访谈对象的属性有较大差异性，所以分别汇总了不同属性的访谈对象信息，具体详见表1至表3。①

表1 访谈对象（信访社工）的基本信息

编号	姓氏	职位	性别	年龄（岁）	个人背景资料	个人所在社会工作服务机构背景资料
I1	T	机构理事长	女	60	J志愿服务社理事长，从事信访社会工作5年	机构是专业志愿服务背景，自2016年起至今承接"Z"项目
I2	Y	项目主管	女	35	L社工服务社项目主管，从事信访社会工作4年	机构是专业社会工作背景，自2012年起至今承接"Z"项目
I3	L	项目社工	女	50	G社工师事务所项目社工，从事社会工作10年，从事信访社会工作4年	机构是专业社会工作背景，自2009年起开展信访社会工作服务，2018年起至今承接"Z"项目
I4	J	机构主任	女	53	X家庭社工事务所法定代表人、主任，区妇联兼职副主席，从事专业社会工作和心理咨询18年，从事信访社会工作5年	机构是以心理咨询为专业背景，自2016年起至今承接"Z"项目

① 所有表格由作者自行梳理设计。

续表

编号	姓氏	职位	性别	年龄（岁）	个人背景资料	个人所在社会工作服务机构背景资料
I5	Z	项目社工	女	31	G 社工师事务所项目社工，从事社会工作 4 年，从事信访社会工作 2 年	机构是专业社会工作背景，自 2009 年起开展信访社会工作服务，2018 年起至今承接"Z"项目
I6	Y	项目社工	女	67	L 社工服务社项目社工，从事信访社会工作 8 年	机构是专业社会工作背景，自 2012 年起至今承接"Z"项目

表2　访谈对象（老信访户）的基本信息

编号	姓氏	性别	年龄（岁）	个人背景资料	上访缘由及上访年限
I7	H	女	67	征地农民，退休，丈夫也已退休，有两个儿子，目前和丈夫及患植物人的大儿子同住	对动拆迁政策不满。自 2005 年起不断到镇、区、市和北京等地上访、闹访、非访，到 2015 年仅进京上访 100 多次。先后被 3 次刑事拘留，5 次行政拘留，2 次劳动教养，其中 2009 年劳动教养 18 个月，2012 年劳动教养 12 个月。上访 16 年，于 2021 年案结事了
I8	Z	女	75	退休，丧偶，独居，有 3 个儿子	对动拆迁政策不满，自 2005 年起上访，基本正常访，无非访情况
I9	L	男	85	个人身体健康，妻子残疾人，有一个女儿（聋哑人）和两个儿子（大儿子聋哑人、小儿子智力低下）	对动拆迁政策不满，1993 年房屋动迁，一家 5 口人拿到了 27 平方米的安置，对安置面积不满，自 1993 年开始上访。以越级访和非访居多。上访 25 年，2018 年案结事了
I10	W	女	69	丧偶，和儿子儿媳同住	家庭内部财产纠纷，W 女士上诉未果，已被高级人民法院判决败诉，想要翻案，因此上访。自 2015 年起上访，以闹访、越级访居多
I11	L	女	74	丧偶，有一个儿子、一个女儿	2002 年房子被强迁，一直未安置住房，L 女士和其女儿自 2003 年起上访，以越级访和闹访居多

表3　访谈对象（政府工作人员）的基本信息

编号	姓氏	性别	身份/职位
I12	R	女	区妇联领导（分管"Z"项目）
I13	W	女	镇信访办工作人员
I14	Z	男	居委会综治条线工作人员
I15	Z	女	镇妇联主席

3. 参与式观察法

参与式观察法是用于收集资料的一种方法，是指进入研究对象所处的生活背景，参与其日常生活，不单单是亲眼所见、亲耳所闻，还包括访谈、互动、体验和感悟（风笑天，2018）。本文研究者于 2010 年开始进入信访社会工作服务的田野中，2010—2012 年以项目实施社工的身份参与"W"项目，2012—2013 年以项目实施社工的身份参与"Z"项目，自 2018 年开始至今以项目服务者和管理者的身份参与"Z"项目，在全程参与项目实施的过程中，一共跟进了 11 例个案。通过个案的跟进、参加项目各类会议、接受项目督导和评估，近距离观察了社会工作介入信访积案化解的过程、方法和策略。

（三）研究伦理

本研究所有的访谈资料完全建立在访谈对象知情的基础上。在访谈过程中，研究者对所有访谈对象都强调自己的身份是"学生"。研究者所在的社会工作服务机构也同意提供"Z"项目的相关资料和文档，G 机构也对本研究的开展表示知情和支持。

三、研究发现

信访积案的成因复杂、化解程序繁杂，参与信访积案化解的相关人员组成也是一个复杂的系统，涉及老信访户个体、政府部门、信访社会工作者、老信访户的家庭、老信访户所在社区的资源、相关政策等各个系统。本文发现，在信访积案的化解中，社会工作者需要在复杂的情境中协调多重关系，这个多重关系是指老信访户的自我关系，和政府的关系，和家庭、朋辈、社区的关系，以及和相关外部环境、政策的关系。由于"人是关系性存在"，社会工作者对老信访户的认识可以围绕关系性存在这一假设。通过"Z"项目的实践，可以发现关系视角介入信访积案矛盾是一个递进式的化解阶段（见图 1）。本文结合"关系视角"理论框架的点、线、面、体四个层次，探究出了社会工作介入老信访户的关系主体、关系链、关系网络和关系世界四个维度，归纳出关系视角下社会工作有效介入信访积案的服务策略。

（一）关系主体的介入：重构老信访户的自我关系

对于由于自身原因不愿意主动化解的老信访户而言，社会工作者主要化解策略是围绕重构老信访户的自我关系进行介入。老信访户由于多年的信访经历会导致积压已久的负面情绪形成难以纾解的执念。这个执念可能是"憋着的一口气""心里面的一个疙瘩"，也可能是"过不去的那道坎儿"。这些"气""疙瘩""坎儿"的形成和化解，就是需要社会工作者协助其理顺自我的关系，协助他们解开心结，打开心门，帮助他们"通气"和"跨过那道坎儿"。

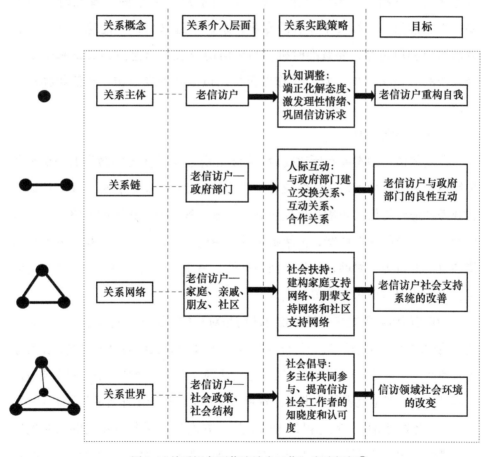

图1 "关系视角型信访社会工作"实践框架①

———————

① 由作者自行设计。

1. 端正化解态度

在端正化解态度的过程中，可以通过老信访户信得过的熟人和社会工作者协同合作端正老信访户的态度，让老信访户对待化解的态度由被动变为主动。在这过程当中，需要注意以下几个策略：第一，熟人要找对，避免熟人是来"帮倒忙"，通常基层工作人员（如居委干部）是最佳的人选之一。第二，由谁来开口提信访这个事情，最好让熟人提，社会工作者不要主动提。老信访户由于长期上访，内心比较敏感和多疑，若由社会工作者先开口，不利于个案的开展。第三，关系建立要牢固，看准时机很重要。当老信访户和社会工作者的专业关系建立起来后，不能急于马上牵起老信访户和信访办，要看准时机，当老信访户表现出愿意再尝试和信访办谈一谈的"苗头"时，社会工作者再提出可以帮助老信访户约信访办进行会谈。

2. 激发理性情绪

在老信访户的态度有所改变后，社会工作者会着重开始激发老信访户的理性情绪，用到的策略为情绪疏导。信访积案化解的最终目标是让老信访户客观理性地看待信访矛盾，理性协商，达成一致。但是积案的最终成功化解依赖老信访户的理性情绪，情绪疏导的作用就是通过消除常年积压的不良情绪和对抗的行为，协助老信访户回归理性。情绪疏导是社会工作者擅长的领域，也是化解信访积案的关键点。

"其实信访对象很多时候和政府部门是对立的，那么通过我们的介入，架起了他们之间沟通的桥梁，同时在给对象一种支持，接纳自己的时候，让对象的非理性变成理性，那么就可以很好地去谈判，最后在谈判当中可能需要彼此让步时，他可能也就容易让步。"（资料来源：信访社会工作者的访谈 I3）

"在化解策略中，我觉得最大的成效一方面是让服务对象能够从非理性变成理性，另一方面是加强服务对象与政府之间的沟通，我们提供的一些技巧性慰藉与这种沟通是无法相比的，因为沟通的过程其实就是利益谈判、直接矛盾化解的过程，同时也是相互理解的过程。"（资料来源：信访社会工作者的访谈 I6）

3. 巩固信访诉求

为了避免老信访户可能出现的临时反悔的情况，巩固信访诉求是至关重要的。在巩固信访诉求方面，社会工作者的服务策略之一是协助老信访户厘清自己的诉求，这个诉求是要老信访户自己觉得可以接受的，而不是旁人如信访办工作人员、亲戚朋友、社会工作者提出来的。服务策略之二便是强化已经固定下来的诉求，强化的过程是让老信访户自己接受自己提出来的诉求，从态度到意识上都要明确"这个诉求就是我想要解决的。别人的事情是别人的事情，我只管好自己的事情"。社会工作者通过和老信访户一起分析其中的利弊，循序渐进地协助老信访户由非理性沟通转变为理性沟通，在明确了诉求不变的情况下，社会工作者搭建老信访户和政府部门之间的沟通桥梁，让老信访户对自身的需求和诉求进行有效的表达，通过和政府部门的友好互动，成功化解积案。

（二）关系链的介入：构建老信访户的关系链

在信访积案的化解中，因为信访部门本身并不具有处理的权力，因此有不少老信访户误以为是信访办工作人员态度不友善、工作效率低。通过笔者访谈信访办工作人员可以得知，信访积案一直被搁置的关键点在于老信访户和政府部门之间的关系处于僵化状态。虽然老信访户和政府部门相互之间由于多年的打交道，对彼此非常了解，但是这种"了解"仅限于上访的具体事件本身，对于上访事件之外的其余事情彼此均"漠不关心"。由于老信访户的问题一直存在，信访办因为自身的工作繁杂，对老信访户在情感关怀以及其他需求方面的关注和支持较少。而老信访户，由于多年的诉求未得到满足，也无暇认真思考自己与政府部门之间应该通过什么方式去建立良性的关系。

在针对老信访户和政府部门之间由于关系未建立好，导致积案形成的个案，社会工作者需要关注到老信访户和政府部门之间关系的调和是介入的重点。社会工作者推动老信访户和政府部门之间构建关系的策略，可以从建立交换关系、互动关系和合作关系三个维度来推动积案的化解。

1. 推动老信访户与政府部门之间建立交换关系

服务对象与政府部门之间建立交换关系的策略，可以从建立信任、情感、目标和信息等维度进行。在上述维度中，最难推进的是信任交换，由于

老信访户和政府部门之间"积怨"已深，彼此间并不信任。但是，政府部门因为有着化解矛盾的硬指标和强压力，特别是上海近几年开展的矛盾化解攻坚战的任务要求，所以只要老信访户略有一些示好的迹象，加上社会工作者在旁的好言相劝，政府部门还是愿意重新和老信访户建立起信任关系。基于此，社会工作者需要做的就是让老信访户愿意和政府部门建立起信任关系。用到的策略有：第一，让信访办工作人员在约谈老信访户的过程中，由信访办直接联系老信访户，而不是由社会工作者去约。这个举动向老信访户传递出来的信息是：政府愿意好好跟我谈。此时，社会工作者需要及时给老信访户做情绪疏导工作，既然政府愿意好好谈，老信访户也要表现出信任的态度。第二，当社会工作者和老信访户之间建立起足够的信任关系后，这种信任关系具有显著的传递效应。换言之，老信访户信任社会工作者，社会工作者表示可以信任政府部门，老信访户也会因为社会工作者的关系开始相信政府部门。

2. 推动老信访户与政府部门之间建立互动关系

为了推动老信访户和政府部门之间建立互动关系，社会工作者采取的策略是通过联席会议、座谈会、老信访户自写的诉求书等方式增加与政府部门的互动沟通。在互动中更多的是信息方面的沟通，信息的内容包括老信访户的诉求、在诉求上是否有谈的空间、诉求与之前相比是否有变化等。在互动中，社会工作者需要通过"自上而下"的方式推动政府部门畅通信息沟通渠道，通过澄清的技巧鼓励老信访户理性地表达诉求。

"我们的工作就是帮助服务对象和街镇信访办之间建立起一种很好的互动关系，信访办认可了服务对象，服务对象也认可了信访办，那么在之后真正的化解阶段，信访办就会变得很主动，很愿意帮服务对象去解决问题。"（资料来源：信访社会工作者的访谈 I2）

在老信访户与政府部门的互动沟通中，社会工作者与政府部门之间的沟通是非正式的、不定期的，互动内容是将老信访户是否有诉求的变化以及其他需求及时告知政府部门。政府部门与老信访户的沟通是正式的、定期的，互动的内容主要围绕化解方案的可实施程度、可行性进行讨论，在互动中增加两者之间的信任感。此外，社会工作者需要推动政府部门减少信息传递的层级，降低信息沟通的成本，提高信息沟通的效率。

3. 推动老信访户与政府部门之间建立合作关系

在合作关系的建立中，社会工作者采用的服务策略是，一方面要稳定老信访户的情绪，避免由于其他原因造成老信访户对诉求的临时反悔。另一方面，社会工作者通过资源的链接整合、多部门的交流、跨部门的合作，以书面报告的形式向区信访办报告个案的进展，积极帮老信访户发声，希望区信访办推动镇信访办及相关职能部门加快化解的速度。由于目前的信访化解都需要"上会"，上会的时间有着很强的不确定性。因此，在合作关系阶段，社会工作者不可大意，在这个过程中，社会工作者要将"上会"的动态信息及时反馈给老信访户，以减轻老信访户的焦虑情绪。

"我们和政府协调好了，和个案对象也协调好了，就会组织一次会议，让大家坐下来能够好好谈。我们就在旁边听着，记录服务对象的诉求，以及政府如何去采纳。作为第三方机构，我们也会提出专业化的建议或者其他可供参考的路径。后来个案对象跟我说，像这种和平共处的会议是之前从来没有的。他们（老信访户）在这个过程中知道了政府的难处在哪里，也能够理解政府。"（资料来源：信访社会工作者的访谈 I1）

需要注意的是，社会工作者在构建服务对象与政府部门的良性互动过程中，虽然社会工作者与信访部门是合作关系，但是面对老信访户，社会工作者与职能部门之间也保持互相的独立性。

（三）关系网络的介入：重构老信访户的关系网络

由社会工作者接触的信访积案中的个案可以看出，大部分老信访户获得社会支持略显不足。社会支持包括正式支持系统和非正式支持系统两种类型。正式社会支持系统包括党政机关、工青妇群团、社区、社会组织等。非正式社会支持系统包括配偶、亲属、朋友、同事、邻居等。因此，在重构老信访户的关系网络中，社会工作者一般从建构老信访户的家庭支持网络、朋辈支持网络、社区支持网络三方面介入。

"我们在化解的时候发现，很多对象的支持都是不健全的，有些是家庭间有矛盾，有些没有朋友，所以他们愿意在上访小团体中活动，他们这个小

团体凝聚力挺高的，对我们的化解工作非常不利，小团体里的这些人会给对象出主意。所以，我们在化解的过程中，会让他们逐步脱离原来的信访群体。"（资料来源：信访社会工作者的访谈 I4）

1. 重构老信访户的家庭支持网络

社会工作者在建构老信访户的家庭支持网络时，需要注意以下三点：第一，在和老信访户的家人联系前，一定要征得本人同意，不能贸然联系其家庭成员。第二，在建立了信任关系后，才去询问其家庭成员的情况。有些老信访户由于长年上访，为了保护自己的家里人，会刻意避免向他人提及自己的家庭成员信息。社会工作者只有和其建立了信任的关系后，老信访户才愿意主动向社会工作者透露其家庭成员的信息。第三，老信访户愿意将自己家庭成员的信息及联系方式告知是出于对社会工作者的信任，此时若出现信访办也希望从社会工作者这里获得老信访户家庭成员的联系方式时，社会工作者需要谨慎处理，不能随意将信息泄露出去。

在协助老信访户建构家庭支持网络时的策略主要有以下两点：第一，根据老信访户对家庭成员的"关系亲密程度"决定是由社会工作者联系家庭成员还是让老信访户自己联系。第二，在联系老信访户的家庭成员时，只谈及关心关爱老信访户的话题，不牵扯上访事宜。一方面是让老信访户感觉到社会工作者的目的很单纯，就是为了帮其构建家庭支持系统。另一方面，毕竟上访不是一件"光荣"的事情，因此不能给老信访户的家庭成员留下负面的印象。如发现老信访户的家人对上访事宜并不知情，那社会工作者也不要主动提及。

2. 重构老信访户的朋辈支持网络

老信访户由于上访的经历，通常有比较固定的上访朋友圈，这个朋友圈中的朋友由于大家有着相似的诉求、相同的经历，所以关系是比较牢固的。要打破这个牢固的关系，构建老信访户新的朋辈支持网络，社会工作者在介入的时候可以采取投其所好的策略。社会工作者需要知道老信访户感兴趣的是什么，根据他的兴趣爱好邀请其参加社会工作者举办的社区活动，在活动中认识新朋友。比如，针对一些文化程度不高的老信访户，对读书写字的活动丝毫没有兴趣，那社会工作者则需要邀请其参加一些娱乐性高的社区活动。再比如，对于年纪大的老信访户而言，由于视力不佳，对需要精细化程度高的活动也不能胜任，因此社会工作者会安排一些健康讲座类的活动。

由于老信访户原有的社交圈都是信访对象，所以需要社会工作者协助其构建一个新的朋友圈。因此，让老信访户来参加社会工作者举办的活动就是最优的选择。

3. 重构老信访户的社区支持网络

在协助老信访户建构社区支持网络时的策略主要有以下两点：第一，老信访户是居住在社区的，平时接触最多的就是居委会，但是通常来说，居委干部对老信访户的印象都不太好。除了协助老信访户建构在社区中的朋友关系外，居委干部的资源也是社区支持网络中重要的一部分。由于老信访户常年信访，有些居委干部对老信访户的态度不是非常友善，甚至有些排斥和"看不起"。因此，需要改变居委干部对老信访户的刻板印象。社会工作者会通过一些契机，比如共同参加活动、一同坐下来会谈等方式，让居委干部看到老信访户身上的优势和闪光点。第二，鼓励老信访户和邻居有更多的互动和联系，比如老信访户出去旅游带回来的伴手礼，或者是参加了社区活动后自己做的手工制品都可以和邻居进行分享。

在"Z"项目中不乏这样的案例。例如，老信访户M女士偶尔一次感冒发低烧，社会工作者带水果上门看望，询问后得知M女士是应其他同事的邀约一起到人民广场递交上访材料时淋了雨，导致发烧感冒。社会工作者便以此为契机，鼓励M女士可以交一些新的朋友。M女士一开始有些不乐意，觉得自己年纪大了，又不识字，不知道和谁交朋友。社会工作者便邀请她参加女性沙龙活动，在了解了她的兴趣爱好后，便邀请她参加各种主题活动，如端午节包粽子、用标布做香囊、精油放松体验、家居收纳整理等。这些活动都是M女士之前从来没有接触过的，她觉得十分新奇。而且由于女性沙龙中的成员都是和其年龄相仿，大家都居住在附近小区，对她也很热情，M女士很快就融入这个团体中。通过半年的时间，从社会工作者不断地邀请其参加活动，变成了主动来参与活动，并且和女性沙龙俱乐部的其他阿姨成了好朋友。M女士逐渐从原来的上访群体中脱离了出来，其他上访群体"邀约"她去人民广场信访

办相聚的时候，她也变得不乐意，以要参加社区活动为由拒绝，她觉得参加女性沙龙的活动更加有趣，更加有意义。M 女士现在和沙龙的不少姐妹都成了无话不说的好朋友，还相约一同旅游、一同分享美食等。久而久之，M 女士不再和原来的信访朋友圈产生交集，并且主动去信访办签署了息访协议。

（四）关系世界的介入：推动信访领域社会环境的改变

除了在老信访户的关系主体、关系链、关系网络进行介入外，研究发现，外部环境的变革也将对信访积案的化解起到一定的作用。社会工作者需要起到倡导者的角色，针对老信访户合理的诉求，通过多方联动予以满足。在面对纷繁复杂的积案矛盾时，在介入主体上，除了社会工作者外，笔者也倡导有更多的力量可以参与进来，通过协同合作促进信访积案的化解。此外，需要意识到政策与实践的相互依赖性的重要性（佩恩，2005）。

1. 满足合理诉求，推动政策变革

关系网络的建构更多是基于老信访户个体层面，即微观层面。而社会工作者除了在微观层面进行介入外，也需要实现个人与社会的双重改变，也就是对老信访户关系网络的干预还需要介入"关系世界"。关系世界的改变是社会结构和体制的变革。

比如，在"Z"项目 L 女士的个案中，社会工作者认为老信访户之所以上访是有其合理性因素的，L 女士因为拆迁导致 16 年无房居住，L 女士和其女儿提出在信访矛盾化解期间解决基本的住房问题。社会工作者一方面从 L 女士个体层面做好情绪抚慰工作，在协助 L 女士与政府部门建立互动合作关系的过程中，还帮助其理性地提出诉求，理智地表达诉求；另一方面，社会工作者多次通过书面报告的形式向街镇、区级反映情况，通过各种场合的座谈会替 L 女士发声，经过十几次多部门交流和跨部门的合作，寻求在矛盾化解待安置期相关政策的变革和落实。通过社会工作者在关系世界的介入，政府有关部门在 L 女士信访积案最终化解的"空档期"（"上会"及需要走流程的时间段），由政府出资让 L 女士和其女儿居住在宾馆内。

2. 多主体的共同参与，助力积案的化解

信访积案之所以成为"积案"，该信访事件必然存在着信访矛盾的复杂性，通过简单的调解和劝导达不到化解的最终目标。《上海市信访条例》第九条第一款明确提出"有关专业机构、社会团体和专业人员、社会志愿者等可以受国家机关邀请参与信访工作，为信访人和信访工作提供专业咨询和服务，代信访人提出信访事项"，为推进多主体共同参与信访工作提供了重要的依据。

我国社会正从"压力型体制"向"合作型体制"转变，推广多元化的社会矛盾纠纷化解机制有其合理性和必然性。尤其鼓励和倡导不同类型的矛盾化解方式，鼓励不同主体参与信访矛盾的化解，有助于减轻政府的压力和负担。社会组织参与信访积案的化解，也是在第一线做好了社会治理的工作，这对于社会组织而言，可以不断扩大自己的活动范围和独立空间，调动政社合作的积极性。为了让复杂的矛盾变得简单，在社会工作者介入"关系世界"的领域中，单靠社会工作者单主体的介入是远远不够的，需要联动区信访办、区妇联、矛盾责任主体、街镇信访办、街镇妇联、街镇分管领导、居委干部等多主体共同参与。在多主体的协同合作下，结合我国社会的人情文化，从根源上打开老信访户的心结，不单单是让信访积案得到"化解"，而且要做到令老信访户满意的"化解"，这样可以避免信访矛盾的反复，提升老信访户对信访矛盾化解的满意度，才能真正消除信访矛盾对社会稳定构成的威胁，真正构建起稳定的社会秩序，实现和谐社会的目标。

四、研究讨论

一直以来，关系为本的实践被视为社会工作不可或缺的一部分（Howe，2008）。不同的学者和不同的学科都尝试从不同的视角来解释"关系"的意涵。马克思从人们因为受到不同阶级的影响，只有通过自身的不断努力，才能在社会实践活动中发展良好生产力的角度来理解关系；韦伯从基于情感或情绪的社会行动的层面解释关系；涂尔干从社会分工的角度提到了关系，认为社会分工越发达，人与人之间的依赖程度、团结程度就越高，人们之间的关系也会更加亲密；社会交换理论将关系看成交换的条件；社会网络理论将人与人、人与组织、组织与组织之间的关系看作一种社会网络结构；社会资本理论认为关系本身就是资本（文军，2013）。杨超和何雪松从社会工作的

本土语境出发，将关系概念操作化为关系主体、关系链、关系网络和关系世界，并且形成了社会工作关系视角的实践框架（杨超、何雪松，2017）。文军通过"关系重构"来实现在社会工作实务取向上分歧的超越（文军、高艺多，2016）。汪鸿波将关系操作化为关系主体、关系链接和关系情境（汪鸿波、程激清，2019）。

如上文所述，化解信访积案是一个内容庞杂、涉及多主体的过程。本文沿用社会工作关系"点、线、面、体"的关系理论框架，从关系概念和关系实践两个维度，详细刻画了社会工作关系的实践框架（杨超、何雪松，2017），为本研究提供了有益的知识参考。但是深入社会工作介入信访积案化解的关系场景中，可以发现，"点、线、面、体"的四维分析框架分别对应信访积案化解中不同的关系策略，而且四个层次中所侧重强调的关系介入对象和既有的社会工作关系的实践框架存在较大差异（见图2）。

在关系理论框架中，关系实践连续谱方面，在"关系主体"层面对应的关系实践为"胜任能力"，在"关系世界"层面对应的关系实践为"结构变革"；而在本研究中，在"关系主体"层面对应的关系实践为"认知调整"，在"关系世界"层面对应的关系实践为"社会倡导"。因此，本研究通过社会工作介入信访积案化解的具体分析，在一定程度上有助于完善和发展既有的社会工作关系视角的理论研究。

层次	点	线	面	体
关系概念	关系主体	关系链	关系网络	关系世界
关系介入对象	老信访户	老信访户—政府部门	老信访户—家庭、朋辈、社区支持网络	老信访户—社会政策
关系实践	认知调整	人际互动	社会支持	社会倡导
关系策略	端正化解态度、激发理性情绪、巩固信访诉求	老信访户与政府部门之间建立交换关系、互动关系和合作关系	建构老信访户的家庭支持网络、朋辈支持网络、社区支持网络	对合理诉求的满足，鼓励多主体参与信访积案的化解

图2　用关系视角理论分析信访积案化解的四维关系实践①

———————

① 由作者自行设计。

（一）从"点"出发，重新界定信访对象，发挥社会工作的专业化优势

社会工作者能够敲开老信访户的家门、走进他们的心门，主要的原因在于专业社会工作的介入，是对原有的信访工作进行了方法上的创新。首先，从关系主体的视角出发，重新界定信访对象，把信访对象定义为"需要倾诉和帮助的公民"，将老信访户从"单一的信访群体"变为"独特的立体的个人"。其次，从价值中立的服务立场出发，挖掘上访诉求的真实原因，剖析老信访户的不同家庭困难、家庭矛盾、心理焦虑、社会疏离等现实问题。最后，从老信访户的个人需求或家庭需求出发，不以解决信访问题作为社会工作介入的唯一目标。由于信访矛盾问题较为复杂化、问题类型的多样化、化解矛盾的主体单位牵涉到多个部门等方方面面的原因，再加上每个老信访户的具体信访矛盾有着复杂的历史遗留问题或历史政策形成的原因，求证较难，加大了化解的难点。因此，从老信访户的家庭实际问题或者个人在当前碰到的困难入手，从无条件的关心关爱老信访户的角度出发，能够拉近与老信访户的距离，建立起良好的信任关系（林峰、刘能，2017）。通过社会工作在关系主体方面的介入，这个关系主体主要是指老信访户的个体或者家庭，当关系主体的问题或困难得到了有效解决后，社会工作者和老信访户的专业关系也建立了起来。通过良好专业关系的建立，双方形成了互信的关系，此时，社会工作者在恰当的时机同老信访户谈论上访的诉求，可以有效地减少双方沟通的阻力和障碍。

（二）从"线"出发，整合政府部门的资源，依托制度化手段提升效率

社会工作者在进行矛盾纾解的过程中，可用资源供需不平衡是处理老信访户问题的一大障碍。"Z"项目中的绝大多数老信访户，以及笔者访谈中的所有老信访户，都直接表达出希望通过信访渠道解决自己的信访问题。但是，传统信访渠道所能提供的资源已经不能满足老信访户提出的多元化需求（吴越菲，2012）。这种资源上的供需不平衡深深制约着信访工作的推进

（王震、杨荣，2016），并不利于工作的推进与问题的解决。但是，对于老信访户提出的合理化的需求或诉求，社会工作者需要积极帮助他们发声，整合多方资源，通过联席会议制度，协调相关事宜，推动个案有序开展。

（三）从"面"出发，细分服务需求，开展多元化服务

在化解信访积案的过程中，要深入分析形成信访积案的原因。根据这些根本性的原因，在案结事了或息诉罢访阶段进行有针对性的介入。从发生的信访积案产生原因上剖析，既有历史、政策、群众思想观念等方面的因素，也有信访体制机制不健全导致一些信访得不到及时解决的原因（尼晓威、惠蕾，2015）。总体来说，社会工作者需要深刻贯彻落实习近平总书记对信访工作提出的重要指示，对于"群众诉求合理的解决问题到位，诉求无理的思想教育到位，生活困难的帮扶救助到位，行为违法的依法处理"，要求切实解决好信访矛盾的化解工作。社会工作者在服务过程中将工作重点聚焦在老信访户的需求上，主要是家庭困难、人际关系、情绪疏导等，并通过建立信任关系，了解其上访的真正诉求，对于合理诉求帮助协调、对于不合理诉求积极疏导。

（四）从"体"出发，深化"家庭社工＋信访社工"服务，开展常态化服务

信访积案的发生不是社会变迁的自然结果，与特定的社会环境有关。虽然老信访户具有一定的自主性和能动性，但社会环境和社会情境会影响到他们选择采用哪种信访行为或信访方式。老信访户之所以把"去上访"当作他们行动方式的重要选择，与他们所处的社会情境有着密切的关系。从某种程度上来说，政策和制度的作用对于老信访户的行动来说体现了安东尼·吉登斯所说的"结构二重性"，也就是说，国家相关的法律和法规确定了民众的各种利益，老信访户对于自己能享受的权利和利益的认识依赖于制度层面的诠释，同时制度也会限制他们利益表达的方式（蒋冰晶，2012）。基于此，社会工作者尝试介入当前信访工作领域的相关制度，从信访领域的关系世界出发，探索行之有效的信访工作的新方法和新路径。

2015 年开始，上海市 P 区妇联在"Z"项目的基础上，通过政府购买家庭社工服务的方式，积极探索"党委领导、妇联牵头、社会参与、社工服务、家庭受益"的家庭社会工作运作模式，让更多 P 区的家庭享受到权益维护、法律咨询、情绪疏导和心理慰藉等专业化服务，从预防性的角度出发，避免和预防可能出现的家庭恶性事件，维护社会稳定。目前，家庭社会工作者已经覆盖全区 36 个街镇，通过专业化力量的注入，以"家庭社会工作者 + 信访社会工作者"的角色为辖区内有信访诉求且愿意接受社会工作者服务的妇女儿童家庭，尤其是弱势人群、危机家庭提供信访社会工作的服务，主要从家庭服务、健康关爱、生活情趣培养等方面入手，帮助老信访户恢复家庭功能、改善生活方式、缓解经济困难、重构社会关系、提高生活质量，从而帮助老信访户回归理性诉求，减少非正常上访频次，争取部分老信访户息诉罢访和案结事了。社会工作对"体"的介入一定是适应本土政治文化和体制的行动（杨超、何雪松，2017）。通过"家庭社工 + 信访社工"的常态化服务，促进妇联维权与社会维稳更好地结合。

五、总结

社会矛盾的化解路径一直是管窥国家与社会关系的窗口。信访积案作为社会矛盾中"最难啃的骨头"，传统的处理方法是通过行政化的管控力量刚性维稳。但是，这样的维稳方式导致一部分老信访户"遇强则强"，更加激化了信访矛盾和非访行为的发生。而且，刚性维稳方式并不是治本之策和治根之法。应对信访积案化解的最新方法是强调柔性化治理。柔性化治理的提出最早是在 2019 年，国务院当时在部署新型城镇化建设时提出"新型城镇化要处处体现以人为核心，提高柔性化治理、精细化服务水平，让城市更加宜居，更具包容和人文关怀"（张宁静等，2020）。结合柔性治理的理念和模式及"关系视角型信访社会工作"的分析框架，本文认为关系视角与社会工作的有机结合是化解信访积案的核心关键。

社会工作介入信访积案化解的一般服务方式，就是需要社会工作者对信访积案产生的根本原因、老信访户的真实诉求和需求进行预估。根据问题的症结，社会工作者整合和联动多方资源，有针对性地聚焦于老信访户的个人系统、家庭系统、社区系统、社会系统等，通过认知调整、人际互动改善、社会支持网络完善、社会倡导来回应老信访户的需求，最终推动信访积案的圆满化解。注重老信访户关系主体的介入，重视人际互动搭建老信访户和政府部门之间的良性互动的桥梁，以及社会支持网络的构建，争取让老信访户获得更多的家庭支持和社区的关注。此外，通过社会工作者的社会倡导，在更宏观的层面推动相关政策的变革，让更多的社会大众能够了解和理解信访社会工作者，从政策层面推动信访社会工作的良性运作。

参考文献：

陈世瑞、石君磊，2015，《社会力量参与信访矛盾调处的实践与启示》，《上海市经济管理干部学院学报》第 2 期，第 46—56 页。

范明林，2012，《信访社会工作：社会管理创新的一种尝试》，《中国社会工作》第 10 期，第 1 页。

方萍，2014，《"社区为本"的信访社会工作模式的运用研究——以 K 社区平息独生子女政策争议为例》，《社会工作》第 1 期，第 74—80 页。

风笑天，2018，《社会研究方法》（第 5 版），中国人民大学出版社，第 311 页。

龚维斌，2014，《我国信访制度的变迁与思考》，《中国国情国力》第 12 期，第 29—31 页。

蒋冰晶，2012，《重复信访行动研究》，知识产权出版社，第 49 页。

李建华，2012，《信访工作模式的创新性探索思考》，《现代商业》第 18 期，第 258—260 页。

李文静，2014，《社会工作介入信访工作：必要性、领域及发展路径》，《探索》第 3 期，第 147—151 页。

林峰、刘能，2017，《信访社工如何融入地方治理过程？——以 G 省 Z 市信访社工实践为例》,《社会发展研究》第 4 期, 第 148—163 页。

[英] 马尔科姆·佩恩, 2005,《现代社会工作理论》, 何雪松等译, 华东理
工大学出版社, 第 279—280 页。

尼晓威、惠蕾, 2015,《浅议信访积案的特点分析及化解措施》,《科技经济
市场》第 7 期, 第 200 页。

裴坤鹏, 2016,《社会工作介入群体性信访事件模式探索——以 M 市社工介入复
员干部群体性信访事件为例》,《华东理工大学学报 (社会科学版)》第 4 期。

汪鸿波、程激清, 2019,《社会工作关系视角下的失独老人服务范式研究》,
《社会工作》第 2 期, 第 70—78 页。

王震、杨荣, 2016,《个案管理应用于信访社会工作的实践与研究》,《社会
工作与管理》第 3 期, 第 53—58 页。

文军, 2013,《西方社会工作理论》, 高等教育出版社, 第 141—142 页。

文军、高艺多, 2016,《关系重构: 社会工作实务取向的分歧根源及其超
越》,《社会科学研究》第 5 期, 第 16—24 页。

吴越菲, 2012,《信访社会工作: 社会理性秩序的助推器》,《检察风云》第
18 期, 第 16—17 页。

杨超、何雪松, 2017,《社会工作的关系视角》,《学海》第 4 期, 第 134—
140 页。

张宁静等, 2020《城市治理中空间正义原则与对策》,《合作经济与科技》
第 21 期, 第 188—190 页。

Diamant, Neil J. 2000. "Conflict and conflict resolution in China: beyond media-
tion-centered approaches. " *The Journal of Conflict Resolution*, 44 (4),
pp. 523-546.

Howe, D. 2008. "Relationship-based Thinking and Practice in Social Work. "
Journal of Social Work Practice, 12 (1), pp. 45-56.

Jieren Hu, Tong Wu and Jingyan Fei. 2018. "Flexible governance in China: af-
fective care, petition social workers and multi-pronged means of dispute resolu-
tion. " *Asian Survey*, 58 (4), pp. 679-703

Relationship – Based：the Practice Strategy and Service Reflection of Urban Public Complaints Social Work

Hu Jieren   Shu Qiyan

Abstract：Maintaining social stability and building a harmonious society are important governancegoals in the new era. As an important means to resolve disputes and maintain stability，public complaints work has been highly valued by government departments at all levels，and Shanghai has invited third parties as a social force to intervene in the work of public complaints earlier in the country. Focusing on the core issue of how social forces can effectively participate in resolving public complaints disputes，this paper，based on the perspective of relationship，constructs the framework of "social work of letters and visits from the perspective of relationship" from the four relationship levels of "relationship subject，relationship chain，relationship network，and relationship world" corresponding to the four relationship concepts of "point，line，surface，and body". Taking the "Z" project in Shanghai as an example and based on qualitative research method，it analyzes the effective service strategy of social work intervention in solving disputes，with a view to providing new practical guidance for resolving intractable public complaints disputes. This study finds that the organic combination of the relationship perspective and social work professional services has become the core of resolving intractable public complaints disputes. Relationship is not only a means of intervention，but also the basis of social work practice. Under the service strategy of "relationship first"，social workers carried out services around the four relationship dimensions of "cognitive adjustment, interpersonal interaction, social support, and social advocacy", and achieved remarkable results. In terms of cognitive adjustment, we should reconstruct the relationship subject of the veteran petitioners by correcting the attitude, stimulating rational emotions, and consolidating the appeals of letters and visits; In the aspect of interpersonal interaction, we should build the relationship chain of veteran petitioners by promoting the establishment of exchange, interaction and cooperation between them and government departments; In the aspect of social support, we should help the veteran petitioners to build a family support system, a peer support system and a community support system, and reconstruct their relationship network; In terms of social advocacy, we should encourage multiple subjects to participate in the settlement of intractable public complaints cases and promote the transformation of the social environment in the field of public complaints by satisfying the reasonable demands of veteran petitioners.

Keywords: Social Work, Intractable Petition Cases, Service Strategies, Relational Perspective

信访观察

论市域信访治理的特点和完善路径

□ 孔凡义[*]

摘要：作为我国行政管理体系的一个重要层级，市域长期以来并未受到足够的重视。尤其是市域信访治理，仍缺乏深入的研究。本文从市域社会治理出发，发现市域社会矛盾的独特性、市域信访治理的优势和短板，并从城乡关系、省市县关系、分工集成关系、国家社会关系、德治自治法治政治关系和治理程序效果关系等方面提出改进建议。

关键词：社会治理　信访治理　市域

党的十九届四中全会通过的《中共中央关于坚持和完善中国特色社会主义制度、推进国家治理体系和治理能力现代化若干重大问题的决定》强调，加快推进市域社会治理现代化。党的十九届五中全会通过的《中共中央关于制定国民经济和社会发展第十四个五年规划和二〇三五年远景目标的建议》再次强调，完善共建共治共享的社会治理制度、加强和创新市域社会治理，推进市域社会治理现代化。市域社会治理现代化需要解决的一个重要问题就是化解市域信访矛盾，市域信访治理是市域社会治理现代化的重要内容。

一、市域社会治理的特点

（一）从城乡关系来看，地级市横跨城市和乡村

地级市下辖区、县，既有城市行政区也有乡村行政区。地级市政府要统筹城乡发展，既要处理城市事务也要处理乡村事务。地级市的行政体系主要

＊ 作者简介：孔凡义，武汉大学马克思主义学院教授。

有两种类型：一是市—市辖区—街道，二是市—县—乡镇。前一种是城市行政区行政层级设置，后一种是乡村行政区行政层级设置。城市人口和资源集聚，地理空间集中，人口流动频繁；乡村人口和资源分散，地理空间隔离，人口流动弱。城市工业化水平高，商品经济形成了陌生人社会关系；乡村工业化水平低，自然经济催生了熟人社会关系网络。城乡社会的差异深刻影响着政府治理的方式。地级市横跨城市和乡村，决定了市域社会治理的综合性、多样性和复杂性。

（二）从行政层级来看，地级市处于省和县的交叉点

我国是省、市、县、乡四级地方政府体系。其中，省和市是地方政府层级，县和乡是基层政府层级。省是最高地方政府，市是最低地方政府，但又高于基层政府。中央、地方和基层是我国治理体系宏观、中观和微观三个层级，市域处于中间层级的较下层次也就是中观的较下层次。相对于省，市域统筹性较弱，地域性较强；相对于县，市域统筹性较强，地域性较弱。所以，市域在行政层级中应该属于中微观层级。

（三）从政策过程来看，中央政府和省级政府主要是决策者，县、乡政府主要是执行者

从中央到乡镇，政策过程是一个从决策到执行逐步演变的过程。中央政府承担着全国事务的决策功能，它的决策是全决策。从省到市、县、乡，决策都是执行性决策。它们一方面要执行上级决策，另一方面又要针对本地区的特殊情况进行决策。并且，从省到乡决策功能逐步下降，执行功能逐步增强。地市级政府处于从决策到执行的交叉点上，是决策转向执行的过渡阶段。如果说省、市是执行性决策，那么县、乡就是决策性执行。省、市的重心在决策，县、乡的重心在执行。在市域层级，政府决策和执行同样重要。一方面，市域要把握中央和省的政策意图，另一方面市域也要考虑地域特点。所以，市域是决策统一性和执行灵活性的过渡性节点。

（四）从信任心理结构来看，地级市处于正负信任结构的转折点

民众对政府的信任呈现从高到低的差序排列。根据李连江的研究，人民

对行政级别较高的政府信任度高于对行政级别较低的政府的信任度，对中央政府的信任度高于对地方政府的信任度。一般认为，民众对政府信任在市级及以上是正向的，在县级及以下是负向的。地级市正处于正负信任的过渡地带。但总体上，地级市拥有正向的政治信任资源，在社会治理中具有一定的信任优势。

（五）从政治资源来看，地级市拥有较全面的政治资源

在地级市，政府机构设置非常完整。市与中央、省的职责同构比较强，中央和省在市域有"腿和脚"，这有利于中央和省级政府决策的贯彻和执行。在决策、立法、司法方面，地级市拥有较多的权威和权力。2015年3月，十二届全国人大三次会议修改立法法，赋予所有设区的市地方立法权。设区的市的人大及其党委会，可以对城乡建设与管理、环境保护、历史文化保护等方面的事项制定地方性法规。2018年3月，十三届全国人大一次会议通过宪法修正案，进一步确认了设区的市具有地方立法权的宪法地位。据统计，自2013年3月至2020年2月，各省、自治区共批准设区的市、自治州制定地方性法规1864件，其中新赋予地方立法权的设区的市共制定地方性法规1376件（闫然，2020）。

二、市域信访治理及其特点

（一）市域信访矛盾的特点

首先，市域行政区涵盖了农村和城市社会矛盾。市域信访矛盾既有乡村的社会矛盾也有城市的社会矛盾。乡村社会矛盾比较分散，城市社会矛盾比较集中。乡村社会矛盾主要以土地林地问题、邻里纠纷为主，不同地域呈现出较大的差异。城市社会矛盾主要以城市建设和管理、劳动社保、涉法涉诉、改革遗留问题、历史遗留问题、涉房地产、环境保护、物业纠纷为主，社会矛盾类型比较类似。其次，市域信访矛盾呈现出"农村包围城市"的趋势。从城乡关系的角度来看，当前城市成为社会矛盾的集聚地，社会矛盾从乡村转移到城市的趋势愈发明显。再次，市域信访矛盾以重复访、群体访、非正常访、信访积案为主。社会纠纷到达市域，已经经历了村（居）、乡镇（街道）和县信访机构或工作人员的处理，所以一般都是重复访。初访发生在市域较少。最后，市域的无理访和谋利型上访较多。当前，具有法律和政策依据的上访一般都可在镇、县得到解决。在市域的上访要么是因为诉求缺乏法律和政策依据，要么是上访人试图通过上访对政府施压意图谋利。

（二）市域信访治理的潜在优势

首先，市域信访治理具有成为防止信访上行第二道防火墙的潜力。市域具有一定的立法权，可以使用立法工具来处理社会矛盾。相对于县和镇，市域具有较高的权威和地位。市域是民众对政府信任的正负转折点，拥有较强的政治信任资源。市域具有非常丰富的权力资源。市域党政机构非常齐全，具有完善的信访治理结构。所以，市域政府可以有效利用立法权、信任资源和治理结构优势来拦截社会矛盾上行。其次，市域信访治理可以统筹城乡社会矛盾的化解。城市和乡村的社会矛盾具有类似性也有较大的区别。城市社会矛盾带有较强的商品社会特征，是陌生人社会的矛盾。乡村社会矛盾带有较强的农业社会特征，是熟人社会的矛盾。陌生人社会矛盾更多依赖于程序和制度来解决，熟人社会则遵循着礼治秩序，其社会矛盾更多依赖于农村的权威人物来调解。市域信访治理可以把乡村社会矛盾化解与城市社会矛盾化解统筹起来，建立乡村社会矛盾化解与城市社会矛盾化解的对接衔接机制，建立权威人物调解与制度程序化解的对接衔接机制。再次，市域信访治理协调中央集权和地方授权关系的优势。相对于县和乡镇，市域远离了基层，具有较高的政治地位和权力。相对于中央和省，它又远离了高层，具有较强的地域性。从行政层级上，市域正好处于中央集权和地方授权的平衡点上。一方面，市域可以加强权力集中来贯彻中央和省的政策，另一方面，市域也很容易抓住本地区的特色，在政策执行上做到因地制宜。又次，市域具有社会矛盾的多样性，是信访治理改革的实验良田。在市域，既有城市社区也有乡村，既有单位也有行业协会，它们产生的社会矛盾呈现出丰富的多样性，这为市域信访治理改革提供了丰富的实验样本。最后，市域信访治理具有整合

分散治理资源的政治优势。相对于县和乡，市域党委政府具有较高的权威，有权力和能力来整合分散的治理资源。

（三）市域信访治理的现有短板

首先，市域信访治理资源分散，多头治理现象比较普遍。市域信访治理中，政法委、法院、公安局、检察院、纪委监委、司法局、信访局、应急办等多个政府部门都参与其中。但是，这些大信访机构各自为政，它们在信访治理中的作用发挥处于自发状态，缺少顶层设计。在大信访治理格局中，市域信访工作领导小组作用发挥不够。各相关机构的权、责、利定位不清晰，尤其是各相关机构的责任分配不明确。其次，市域信访治理中转站色彩强烈，对矛盾上行发挥阻断作用不明显。目前，市域信访治理主要承担上传下达的功能，致力于上级政策执行和下级利益表达。市域信访机构在信访治理中节点特征不明显，在治理层级中缺乏清晰的功能定位，在信访治理中功能发挥主动性不强。再次，市域信访治理重执行轻决策特征比较明显。当前，虽然市域被赋予了部分立法权，但是很少运用。在信访治理过程中，市域更多地是被动的政策执行者和信访治理的过渡者。市域信访治理缺少市域信访治理体制设计，市域信访治理没有考虑到市域在整个治理体系中的特点和市域信访矛盾的特点，缺乏市域治理的层次性和地域性。又次，市域信访治理中国家治理和社会治理缺少衔接。相对于县域和镇域，市域更加远离基层，也远离乡村，所以治理的科层化、专业化程度较高，更加依赖于科层制的运作。而县和乡，因为距离基层和乡村较近，信访治理更多地依赖乡土治理。在当前市域信访治理运作中，市域尚未把信访的国家治理与信访的社会治理衔接起来。最后，在城市行政区，因为信访机构与其他政府机构之间存在错层，信访机构缺乏必要协调权，导致信访治理难度大。

三、市域信访治理的完善路径

（一）正确处理城市信访与乡村信访的关系

正确处理城市信访与乡村信访的关系，需要对城市信访矛盾和乡村信访矛盾进行分类治理。城市信访量大、案难、诉求比较集中，加上交通便利催生较多的重复访和越级访。针对这一特点，"信访超市"是一种治理城市信访的有效方式。"信访超市"通过空间集聚、部门集成，可以大大提高信访治理的效率。再则，城市是一个工业集聚体，这也导致了社会矛盾的行业性和专业性。这要求城市信访矛盾的化解需要更强的专业化水平，可以动员和挖掘行业自律的能量参与信访治理。乡村社会矛盾带有很强的乡土性，矛盾比较琐碎、诉求比较散乱、量小案易、空间分散，信访社会共治是治理乡村信访的有效方式。通过社会共治，政府可以把乡贤、能人动员起来，有效发挥他们乡土权威的优势，运用乡土社会比较欢迎的中间调解的方式来有效化解社会矛盾。

（二）正确处理省—市—县信访治理的关系

市域信访治理改革不仅是市域改革的问题，也涉及省域和县域信访治理的改革。首先，要处理好省级放权与市级承接之间的关系。市域信访治理改革只有在省级放权的前提下才能进行。市域信访治理改革是"块"的权力、资源、体制的重组，那么它很显然需要与"条"建立新型的权力关系。所以，市域信访治理虽然从表面上看是"块"的改革，但是实质上也涉及"条""块"关系的调整，那么"条"的关系调整也势在必行。同样地，市域信访治理的改革也涉及县级信访治理的改革。市域信访治理的权力调整、资源整合等需要与县级机构建立协调和对接机制，也就是要处理好身子与脚之间的关系。

市是越级上访的起点。根据《信访工作条例》第二十条第一款规定，信访人采用走访形式提出信访事项的，应当到有权处理的本级或者上一级机关、单位设立或指定的接待场所提出。换言之，信访人通过走访向依法有权处理的本级或者上一级机关提出信访事项的都不属于越级上访的范畴。那么，按照我国行政层级设置，乡镇是最低一级政府，信访人提出信访事项只有越过乡镇政府和县级政府才能是越级上访。也即，只有到达市级的上访才可能满足越级上访的初始条件。因此，市域信访治理是化解越级上访的"前哨站"。

（三）正确处理机构集成与部门分工之间的关系

在"信访超市"治理模式下，信访治理要处理各部门权力和责任、程序和制度之间的合理分配问题。其一，建议由市委副书记或政法委书记统筹"信访超市"运行工作。信访治理的资源和责任分配需要一个强有力的领导人来负责。尤其是涉法涉诉问题，二者的责任和任务分配需要有个强势单位或领导来管理。其二，信访部门更适合成为社会矛盾化解中心的入口。社会矛盾化解中心建设模式有多种，一种是信访接待中心模式，一种是综治中心模式，一种是调解中心模式，分别由信访局、政法委和司法局主导。一般而言，三种主导部门的不同也导致了社会矛盾化解中心的工作重心和方式有较大差异。信访局对社会矛盾的化解既有司法性也有政治性、情理法并用，而司法局对社会矛盾的化解偏重于司法性、以调解为主，政法委对社会矛盾的化解偏重于政治思维、以维稳为主。相对于政法委和司法局，信访局的社会矛盾化解更具有开放性、综合性、低门槛性，有利于社会矛盾吸纳。而政法委则更适合成为社会矛盾的终结者，如果信访局适合开门角色，政法委则更适合关门角色。

（四）正确处理国家治理与社会治理之间的关系

要建立国家治理和社会治理的对接衔接机制。一是信息衔接。社会治理中出现的社会矛盾和纠纷要及时向国家治理机构通报，国家治理参与的社会矛盾纠纷要通报相关社会组织或力量。二是程序衔接。一些社会治理组织无法处理的社会矛盾纠纷要建立进入国家治理调解的通道。三是效力衔接。社会力量参与化解社会矛盾纠纷案件过程中达成的协议在国家治理化解中需要产生效力。国家机构参与社会矛盾化解可以引证和运用社会力量化解期间签订的协议。

（五）实现德治、自治、法治和政治之间的有效衔接

建立乡村乡贤理事会与村委会、法院和党委政府之间的联系，积极发挥德治、自治、法治和政治的社会矛盾化解作用，形成德治、自治、法治和政治的社会矛盾化解程序链，建立以德治为基础、自治和法治为主体、政治为

顶端的金字塔式社会矛盾化解组织体系，健全强化政治引领、法治保障、德治基础、自治协同的社会矛盾化解手段体系。

（六）实现"事结"与"心了"之间的有效衔接

在市域信访治理中，为了防止社会矛盾上行，一方面要做到"事结"，按照"三到位一处理"的要求，正确处理社会矛盾纠纷；另一方面，还要做到"心了"，做好信访人的心理咨询工作。要建立"事结"与"心了"的对接机制，在社会矛盾化解后为当事人提供心理监测和服务。要建立信访人心理分类服务机制。对于农村信访矛盾纠纷，可以充分发挥乡村乡贤的权威作用，为乡村访民提供心理抚慰服务。对于城市信访矛盾纠纷，可以充分发挥专业心理医生的作用，对信访当事人进行专业的心理监测和治疗。要建立信访机构与精神病鉴定机构、精神病治疗机构的对接机制。信访机构要建立精神鉴定第三方评估机构，对偏执型上访当事人进行精神鉴定评级，对于不属于精神病患者的信访当事人进行专业心理辅导，对于精神病患者信访当事人通过合法程序交由精神病治疗机构进行治疗和看护。

参考文献：

闫然，2020，《立法法修改五周年设区的市地方立法实施情况回顾和展望》，《中国法律评论》第 6 期。

On the Characteristics and Improving Approaches of Municipal Public Complaints Governance

Kong Fanyi

Abstract：As the important level of public administration system of China,

municipal governance is ignored in the long run. Specially，the study of municipal public complaints governance is not enough. The article finds the characteristics of municipal social contradictions and municipal public complaints governance on the basis of social governance. And，the article puts forward proposals about improvement of municipal public complaints governance from the relation between urban and rural，province-municipality-county，division and integration，state and society，procedure and performance.

Keywords：Social Governance，Public Complaints Governance，Municipality

北京市城市治理相关信访问题研究

□ 马曙光　陈建华*

摘要： 随着中国特色社会主义进入新时代，我国城市化开始从规模扩张和广度化发展，走向质量提升和深度发展的新阶段，北京作为超大城市的集中代表，其对城市治理提出了新的更高的要求。"疏解整治促提升"专项行动是当前城市更新的关键一环，是社会治理体系和超大城市治理的重要内容。本文通过广泛调研，以数据为依据，结合当前北京市"疏解整治促提升"专项行动的背景，分析城市治理相关信访领域存在的问题及成因，着重从以下五个方面提出相应的对策建议：突出舆论引导，做好宣传工作；突出以民为本，提高公众参与度；突出提升导向，强化以提促疏、以提促治；突出民生优先，着力增强市民获得感；突出难题破解，提升城市治理能力。

关键词： 城市治理　信访问题　民生　调研报告

"疏解整治促提升"专项行动是一项事关全局、影响长远的重要工作，它缘起于人口规模调控工作，扎根于首都城市治理的深厚土壤，与供给侧结构性改革的进程相伴，是治理"大城市病"、改善生态文明与城乡环境的重要举措，是实施新版北京城市总规、提高城市治理能力和水平、推动高质量发展的重要抓手。专项行动成为推进首都减量提质、高质量发展的有力支撑，非首都功能疏解取得了阶段性成果，城市治理能力全面提升，北京市的

---

* 作者简介：马曙光，北京市人大常委会副秘书长、办公厅主任；
　陈建华，北京市人大常委会信访办公室综合处副处长、二级调研员。

城市面貌焕然一新，百姓获得感、幸福感显著增强。

在"疏解整治促提升"专项行动实施的背景下，结合当前北京市城市运行的新情况、新趋势，北京市城市治理领域的信访问题呈现一些新特点，分析北京市城市治理相关信访问题的特点、成因，对如何进行风险管控、应对和化解该类信访问题、确保首都安全稳定提供了参考借鉴。

一、基本情况和主要特点

（一）基本情况

2017年1月—2022年12月，北京市人大常委会机关受理涉及"疏解整治促提升"等城市治理相关的信访事项约占同期信访总量的15.4%。在对2021年、2022年"疏解整治促提升"等城市治理相关信访事项加以分析的基础上，笔者先后与相关职能部门进行了沟通交流和研讨，将相关领域的问题归纳为七类主要问题：一是拆除违法建设问题。希望加快各类历史遗留违建的认定和拆除工作。二是占道经营、无证无照经营和"开墙打洞"整治问题。主要反映部分城乡接合部的商店、餐馆、美发、健身馆无照经营、"开墙打洞"，个别商户占道经营，居民权益难以保障，希望加强市场监管。三是地下空间整治。主要反映个别区域地下空间仍存在非法出租情况，存在消防及卫生防疫隐患，希望及时清理整治。四是群租房整治。主要反映群租房噪声扰民，以及群租房人员密集不利于疫情防控等。五是棚户区改造。主要反映被列入棚户区改造项目住户迟迟无法回迁、回迁房屋规划和承诺与实际不符等。六是老旧小区综合整治。主要反映老旧小区设施老化、老楼加装电梯、停车位不足、申请安装充电桩等。七是疏解专业市场和增设便民服务设施。主要反映在做好疫情防控的基础上，陆续开放前期受疫情影响关停的部分农贸市场、早市、社区菜站等商业网点，增设便民服务设施，以满足市民工作、生活需求。

从2020年1—11月市民热线各类问题诉求情况看，违法建设类诉求量最多，占接诉总量的43.34%；其次为占道经营、群租房、无证无照经营和老旧小区整治。

从 2020 年 1—11 月北京市人大常委会受理的"疏解整治促提升"信访事项来看，暴力执法、强拆、合同违约及补偿标准过低诉求量最多，占"疏解整治促提升"信访总量的 51.26%；其次为不服法院民事判决、不服检察院不起诉决定、不服行政裁决，以及检举控告政府相关部门和工作人员不作为、慢作为和乱作为；最后是反映占道经营、群租房、无证无照经营和老旧小区整治问题。

（二）主要特点

1. 信访人数多，分布范围较为集中。"疏解整治促提升"等治理措施涉及的群体广泛，从党政机关、企事业单位、个体工商户到普通市民，从京籍到非京籍，几乎涵盖了社会各个层面。例如动物园、大红门、雅宝路等区域性专业市场集中地区，天意、京北钢材市场等涉及众多商户，铜牛、罗格朗等一批老厂房及高耗能高污染企业、不达标企业整改升级或关停退出涉及众多企业，街巷环境整治与街区更新、老旧小区及棚户区改造涉及众多家庭，"开墙打洞"、无证无照经营、地下空间违规住人涉及众多个人，所有这些都是信访事项产生的主体。从分布范围来看，信访人和信访事项多集中在城六区尤其是城六区中心地带，特别是东西城胡同较为集中的老城区是"疏解整治促提升"的重点区，其信访率远超其他各区，也是信访投诉较多的地区，郊区则相对较少。这种情况的出现与老城区违法建筑数量较多、历史遗留问题多等情况密不可分。

2. 信访量和占比呈"凸"形分布。从北京市人大信访办 2017—2022 年各年与"疏解整治促提升"等城市治理相关信访事项数量来看，总体呈现两头低、中间高的"凸"形分布。2017 年城市治理相关信访数量占当年信访总量的 4.04%，到 2019 年达到峰值，占当年信访总量的 26.88%，而到 2022 年信访数量下降明显，占当年信访总量的 8.35%。上述变化特点符合事物发展变化由低到高、由少到多，再由高到低、由多到少的客观规律，属正常现象。

3. 信访诉求的多样性。2017 年以来，随着与"疏解整治促提升"等城

市治理相关举措渐次展开，由此产生的信访问题逐渐增多，诉求也呈现多样性。既有制造性企业提质升效、"留白增绿"腾退所产生的员工安置、债务偿还、异地搬迁等问题，也有个体商户涉及所在市场外迁、店铺关门等所产生的赔偿、补偿以及相关合同纠纷问题；既有地下公共空间使用的建议，也有提升人居环境的街巷整治意见；既有对个别区域相关政策宣传不到位的不满，也有对部分地区好做法、好干部、好环境的褒扬；既有对个别领导干部不作为、慢作为、乱作为的控告，也有对个别领导干部、工作人员违法乱纪的检举。从信访诉求种类看，既有申诉类，也有求决类；既有检举控告类，也有批评建议类，呈现多样性。

4. 具有反复性、阶段性。部分信访人在承办部门的耐心细致工作下，在了解了相关政策法规，自身的实际困难也得到了相应解决后，基本停止了信访行为。但随着某项政策的调整、新老政策规定的差别，或者是同一类问题不同地区特别是同一地区不同的处理结果，导致信访人就同一信访事项进行重复信访。同时，"疏解整治促提升"等城市治理相关措施引起的信访行为具有阶段性特征，一是在全国及市两会、国际性会议等重要活动和国庆节等重要节假日时间节点，在全市开展的信访案件集中排查调处或涉法涉诉案件集中化解过程中，在属地领导班子换届选举等敏感时间点，此类信访行为会出现阶段性明显上升。二是随着某个专项行动的展开，会产生大量集中的诉求。例如随着"开墙打洞"专项整治行动的开展，某一时间段会出现大量的由此产生的租赁合同纠纷、补偿纠纷、强制拆迁等信访事项。

5. 信访事项的涉法性。"疏解整治促提升"等城市治理相关措施涉及《北京市城乡规划条例》《北京市禁止违法建设若干规定》《北京市物业管理条例》《北京市街道办事处条例》以及北京市地下空间管理的有关规定，由此产生的信访事项具有较强的涉法性，需要依据上述法规规章等进行有效化解。同时，某些领域、某些方面则需要进一步加快地方性法规和规范性文件的完善，以做到有法可依。例如，需出台以治理"大城市病"为目标的新增产业禁止和限制目录等。

二、反映的主要问题

在"疏解整治促提升"等城市治理相关措施中，由信访领域发现的突出问题有以下几点。

一是族群冲突问题。凸显了京籍和非京籍之间原有的族群冲突，这一矛盾贯穿于住房、交通、教育、户籍等诸多方面。例如，部分京籍人群来信来电要求北京取消非京籍人群在京购车的号牌和房产，以配合疏解工作。而非京籍群众则反映，限制京外人员购房、摇号购车具有明显的不合理性，因为北京的发展需要来自各地的人才，北京应该重视吸引人才、留住人才，不能因为疏解把人才也疏解走了，希望放宽购房、摇号购车甚至落户条件。由疏解行动所引发的京籍和非京籍人群之间的冲突，需要引起政府部门的足够重视。

二是利益受损问题。在市场腾退与小商户被取缔处理方面，90%以上商户及相关企业或个人来信反映利益受损，且反映强烈。大多商贩与市场签订了长期租赁协议并已足额交纳租金，突然要求外迁或取消合同，导致库存商品大量积压，虽明确补偿但标准过低，甚至有的不退还剩余租金，经济利益受损严重。在制造性企业关停方面，企业外迁或转行需要启动资金，员工安置需要补偿金，企业来信来电反映，政府给予的补助过低，企业利益受到较大损失。调查研究显示，在面对自己经营的小店等类似营生被整治或取缔的问题时，市民更倾向于选择"根据经济利益等确定是否配合"，经济补偿标准低、群众利益受损是导致部分市民不配合及产生信访事项的关键。

三是便民设施问题。随着部分便民市场的关停、整改和合并，部分市民来电来信反映，周边居住环境随着专项行动的开展较之以前无论是秩序、治安或是环境卫生等，确实有了较大幅度的提升和改善，但同时，却出现了购物不便等问题，以前下楼就能买到的生活必需品，现在需要跑一两公里才能买到，以前下楼就能吃到的早点、快餐，现在却要跑很远才能吃到，这些问题对于老人和孩子，特别是对于残疾人群体而言，成了生活中的大问题。例

如，北京市丰台区北大地四里网点房于2001—2016年作为个人经营养老便民服务用房使用，曾荣获过北京市敬老、爱老、为老服务示范单位，"北京市孝星"等多种称号。2017年街道为配合疏解非首都功能将房屋收回，致使便民服务被迫终止，很多老人对此有意见。

三、成因分析

一是宣传不到位。"疏解整治促提升"等城市治理相关措施开展以来，特别在初期，制定了相应的政策措施，但由于个别部门、个别单位在执行过程中，急于完成任务、出成果、出政绩，把精力过多地关注在结果上，忽视了过程，很多政策措施多是局限于自己知道、内部了解，向公众宣传时间不多、形式单一、力度不够、内容空洞，导致部分公众不是很理解，具体到实际中则会出现不配合，这是引发相关信访事项的内在原因。

二是执行有偏差。相关部门前期制定了各个层面、各专项行动执行政策和措施，但在实际执行层面，有的地方还存在政策执行不到位，或者敷衍了事，"按下葫芦浮起瓢"的情况，导致有的市民担心"开墙打洞"等问题未来是否还有可能反弹；有的地方存在政策执行偏激、过头的情况，不区分情况搞"一刀切"，引起大量信访事项；有的地方不认真学习和理解政策，执行时乱用政策甚至用错、用偏政策；有的地方存在政策执行不一、标准不同的问题；有的地方仍有选择性执法现象，造成新的不公平，引起市民群众不满。

三是期望值过高。治理行动会导致部分企业、商户、个人利益受损，适当的经济补偿是必要的也是必须的。但实践中，部分商户、个人对此却有错误的不切实际的期盼，思想上总有借此能多得些补偿、多得些利益的偏激认识，加之受"多闹多得、不闹不得""动静越大、关注越多、诉求越易解决"错误观念影响，一旦个人诉求得不到满足，就会通过选择各种时机特别是重大活动之机开始信访，甚至采取偏激行为以达到个人目的，这是引发相关信访事项的外部因素。

四、对策与建议

一是突出舆论引导，做好宣传工作。城市治理相关措施落实过程中，相关部门应充分利用现代媒体优势，主动为媒体设置议题，及时确定新闻选题，定期报道正面典型，曝光负面案例，引导媒体利用多种形式和手段进行广泛的宣传报道。要围绕政策解读、具体任务和取得成效，加强宣传策划，深入挖掘新闻点，多形式、多渠道宣传，动员群众广泛参与。要重点宣传治理举措的重要意义、未来前景及典型示范区域的成功经验和做法，赢得广大人民群众的广泛理解和大力支持，为下一步提升任务铺平道路。

二是突出以民为本，提高公众参与度。发挥政府主导作用，探索更多行之有效的共治方式，动员、支持和鼓励社会各方力量通过各种方式参与城市建设和管理，实现政府治理和社会调节、居民自治良性互动。加强社区治理体系建设，完善"多元参与、协商共治"新型社区治理模式，推动社会治理重心下移。坚持人民群众的主体地位，尊重人民群众的首创精神和对城市发展决策的知情权、参与权、监督权，最大限度地调动广大人民群众参与社会治理、推动城市发展的积极性、主动性和创造性，真正实现城市共治共管、共建共享。统筹推进市场疏解和便民服务网点建设，用好政府和市场两只手，整合社会力量和市区所属国资企业资源，利用疏解腾退的空间完善便民商业设施，加强"一刻钟服务圈"建设，解决群众基本生活需求问题，提升生活性服务业品质，让群众有更多获得感、幸福感、安全感。

三是突出提升导向，强化以提促疏、以提促治。整治是手段，提升是目标，城市治理措施强化了提升首都功能、提升人居环境、提升城市品质、提升群众获得感的目标导向。要积极想办法为商户找出路，谋取更好的发展，推进一般性产业疏解提质，利用腾退空间和土地补齐关键产业链条，提升制造业发展质量。巩固区域性市场和物流中心疏解治理成效，推动集中疏解区域转型发展；落实物流专项规划，建设物流基地、冷链仓储设施，基本形成安全稳定、便捷高效的城市物流、仓储、配送体系。在治理任务中，要强化全过程治理理念，推动拆违向治违转变，开展基本无违法建设区创建，保持

违法建设零增长；建立拆违土地利用台账，加快推动腾退土地的利用，及时复绿复垦、补齐公共服务、加快基础设施建设等。要加强棚户区改造项目收尾和居民回迁安置，改善市民居住条件。要针对背街小巷、老旧小区综合整治、棚户区改造、治理类街乡镇整治提升、便民网点建设提升等任务实施，修订或出台一批政策，进一步细化任务安排、健全工作机制、加强全过程管理、明确工作标准、强化资金保障。

四是突出民生优先，着力增强市民获得感。城市治理过程中要做到主动治理与"接诉即办"有机结合，聚焦百姓身边事，努力提升"七有""五性"保障水平，以群众满意作为检验工作的唯一标尺。首先是解决"有没有"的问题。比如在实现基本便民商业服务功能在城市社区全覆盖的基础上，针对老年人吃饭不便的问题，建议采取多种形式发展老年餐桌；在"留白增绿"、扩大绿色生态空间的同时，针对体育健身场所不足的问题，适量配建体育健身设施，满足群众健身需求；营造宜游空间，推进棋盘路网林荫化改造，增加绿荫覆盖；打造全新滨水空间，在水系周边人口密集区，通过增设下河梯道和台阶等措施，连通滨河步道，增补市民休憩空间。其次是解决"用没用"的问题。要提升宜居水平，针对商品住宅小区配建的医疗、教育、社区服务管理等设施应建未建、应交未交、交而不用的问题，系统开展专项整治，确保依规依标配建、移交和投运等。最后是解决"好不好"的问题。要推动优质公共服务资源在市域内均衡布局，为区域发展注入新的活力，调整中心城区老院区功能，提升卫生健康服务质量。

五是突出难题破解，提升城市治理能力。一方面继续巩固街面秩序，坚持"防反弹控新生"，将占道经营、无证无照经营、"开墙打洞"、地下空间违规住人、群租房治理等问题纳入长效化、常态化管理，做好"接诉即办"；另一方面，聚焦历史遗留和发展薄弱问题，系统推进、重点攻坚。要紧盯重点项目征拆收尾、桥下空间治理、施工围挡和临时建筑治理等方面的工作，要表里兼顾，将城市治理不断推向深入，更加精细化，以改革思维破解深层次矛盾。持续推动街乡镇、职住功能偏差大区域的系统治理提升工作，紧盯群众反映的物业管理、老旧小区改造、村居治理等突出问题，加大政策创新，软硬并重，增强基层治理能力。

参考文献：

12345 市民热线，2020，《2020 年市民关于疏解整治促提升专项行动来电情况总结》。

2020，《发改工作专班信息》（"疏解整治促提升"工作专刊）第 15 期。

2020，《市长电话要情》第 4 期。

安树伟、李瑞鹏、李瑶，2018，《北京非首都功能疏解对居民生活的影响——基于问卷调查的分析》，《河北经贸大学学报》第 6 期。

陆小成，2018，《疏解整治促提升要深刻把握"三个适应"》，《前线》第 4 期。

魏天舒、徐辉冠、曾嘉雯，2019，《疏解整治促提升："舍""得"之间》，求是网，http：//www.qstheory.cn/laigao/ycjx/2019 –09/09/c_ 1124975764. htm。

The Research Report of Beijing's Related Questions of Public Complaints on Special Movement for Mitigation，Regulation，and Optimization

Ma Shuguang Chen Jianhua

Abstract：With socialism with Chinese characteristics gets access to the new era，China's urbanization begins to step to a new phase，from scale expansion and vast development，to quality improvement and deepening development. As a centralized representative of metropolis，Beijing puts forward to a higher requirement to its urban management. The special movement，known as *Mitigation，Regula-*

tion, *and Optimization*, is one crucial part of today's urban renewal, and also an integral part of social management system and metropolis regulation. Through extensive research and survey, the paper was based on data, and concluded today's main problems on the special movement. The paper analyzed the reasons, and emphasized the guidance of public opinions and communication for it. The paper stressed the points, such as the importance the masses, the increase of public participation, mutual improvement of mitigation and optimization, the first priority of people's livelihood, the sense of achievement of citizens', solving difficult problems, and enhancing urban management capabilities. The paper puts forward to the basic thinking and policy advice to solve public complaints to the special movement, in order to give reference and guidance to the special movement.

Keywords: Urban Management, Public Complaints, People's Livelihood, Research Report

上海市社会组织参与社会矛盾化解案例研究

—— 探索新市民社会融合的上海之路

□ 李经中[*]

摘要：外来常住人口作为城市的新市民，因为对城市的基础设施、生活设施、风土人情、风俗习惯和政策法规不了解、不认同而引发的各类矛盾冲突屡见不鲜。上海通过政府与社会的合作，对新市民开展了进城教育、技能和文化素养培训，实施了服务新市民的系列举措，在一定程度上防范、化解了新市民社会融合过程中引发的矛盾冲突，为农业转移人口市民化探索了解决之道，也为解决移民的社会融合这一世界难题提供了上海方案。本文介绍了国际上移民社会融合的基本情况，回顾了上海新市民社会融合的时代背景，介绍了上海促进新市民社会融合的做法与成效，也对进一步完善新市民社会融合提出了对策建议。

关键词：新市民　社会融合　进城教育　技能培训　文化素养培训

根据第七次全国人口普查数据，上海全市常住人口为 24870895 人，与第六次全国人口普查的 23019196 人相比，10 年共增加 1851699 人。全市常住人口中，外省市来沪常住人口为 10479652 人，占比 42.1%，与第六次全国人口普查的 8977000 人相比，10 年共增加 1502652 人，增长 16.7%，平均每年增加 150265 人，年平均增长率为 1.6%。全市常住人口中，居住在城镇的人口为 22209380 人，占 89.3%；居住在乡村的人口为 2661515 人，占

---

* 作者简介：李经中，上海农之梦青年公益服务社理事长。

10.7％。外来常住人口作为城市的新市民，因为对城市的基础设施、生活设施、风土人情、风俗习惯和政策法规不了解、不认同而引发的各类矛盾冲突屡见不鲜。如何让占比42.1％的外来常住人口融入上海，让他们了解上海、认同规则、表达诉求、参与治理，从而化解那些因为不了解、不认同而引发的本地户籍人口与外来常住人口之间的矛盾，以及受不同地域文化影响的外来常住人口之间的矛盾，既是上海超大城市治理的内在需求，也是上海作为"排头兵"和"先行者"的使命担当。上海通过政府与社会的合作，在新型城镇化、农业转移人口市民化和基本公共服务均等化的时代背景下，通过开展进城教育、技能和文化素养培训，以及服务新市民的系列举措，在一定程度上防范、化解了新市民社会融合过程中引发的矛盾冲突，为农业转移人口市民化探索了解决之道，也为解决移民的社会融合问题这一世界难题提供了上海方案。

一、国际视野：解决移民社会融合问题的世界方案

移民的社会融合问题是一个世界性的难题。在欧洲，以土耳其人为主体的德国穆斯林社会被称为"平行社会"，即与主流社会没有任何交集。在亚洲，从明朝开始，广东、福建沿海的中国人开始到现在的印度尼西亚等地，在荷兰殖民政府的统治下，印度尼西亚华人分化为三个族群：与原住民融合的峇峇娘惹（Baba Nyonya）（与当地原住民通婚）；与荷兰人融合的侨生；以及与中国仍然维持关系，保留中华文化的新客。即便华人在印度尼西亚已经生活了几百年，在1965年后的印度尼西亚，华人不准使用中文，不准过春节，还不准使用中文姓名，1998年的"五月骚乱"更是对华人惨无人道的迫害。在非洲，南非的白人社会经历了种族隔离时期和1994年后的种族和解时期。在种族隔离时期，白人社会享受种族隔离带来的优越条件；在种族和解时期，白人又开始受到歧视，白人与黑人的融合总是从一个极端走向另一个极端。在美洲，"黑命贵"运动的本质还是黑人的社会融合问题。为解决这一难题，2000年欧盟提出的社会融合指标是针对欧盟公民的社会融合问题；2005年英国提出的欧洲公民资格和融合指数，2007年

调整为欧盟移民整合指数（见表1），是针对居住在欧盟成员国的第三国居民（黄匡时、嘎日达，2010）。[①]

表1　欧盟移民整合指数

领域	维度	意义
劳动市场准入	资格 劳动市场整合措施 就业安全 有关权利	移民是否被排斥获得工作？ 国家采取哪些措施帮助移民适应劳动力市场需要？ 移民是否会轻易地丧失工作许可？ 移民作为工人有哪些权利？
家庭团聚	资格 获得的条件 身份的安全 有关权利	哪些移民能带来亲戚？能带来哪些亲戚？ 移民与家庭团聚的权利是否需要根据测试或课程来获得？ 国家是否保护移民与家庭团聚的权利？ 家庭成员是否享受同样的权利？
长期居住	资格 获得的条件 身份的安全 有关权利	移民多长时间可以获得长期居住权？ 获得长期居住身份是否需要限制性条件？ 移民是否会轻易丧失长期居住身份？ 获得长期居住身份的移民在生活的诸多领域是否和国民有平等的权利？
政治参与	选举权 政治自由 咨询团体 政策执行	非欧盟成员国移民是否有选举权和被选举权？ 移民能否自由参加政党或者组建他们自己的政治团体？ 政府是否系统性地咨询移民选出来的代表？ 政府是否积极地告诉移民他们享有的政治权利？是否给予移民协会资金支持？
入籍	资格 获得的条件 身份的安全 多国国籍	移民多长时间可以入籍？他们的孩子是否一出生就可以入籍？ 入籍是否需要限制性条件？入籍后的移民是否会轻易丧失国籍？ 哪些人可以享受终身入籍？ 入籍的移民及其孩子是否享受多国国籍？
反歧视	定义和概念 适用领域 实施 平等政策	基于宗教信仰、种族和国籍的歧视是否会受到惩罚？ 反歧视法适用于生活的哪些领域？ 受害者是否可以提起诉讼？ 平等机构和国家充当什么角色？

---

① 欧盟移民整合指数共 142 个指标，每个指标根据最不赞成、不赞成或赞成分别赋予 1 分、2 分、3 分。该指数的结果包括总分值和指数值，总分值是 142 个指标的赋值的平均数，可以反映某个国家的公民资格和融合政策的赞成程度，如果总分为 1～1.25 分，那么该国政策属于不赞成移民融合；处于 1.25～1.75 分则属于轻度不赞成；处于 2.25～2.75 分则属于轻度赞成；处于 2.75～3 分则属于赞成。

包括国际移民组织在内的国际机构也为解决移民的社会融合问题发挥了积极作用。国际移民组织的宗旨是在全世界范围内确保移民有序流动，并协助有关国家处理移民问题，国际移民组织的五大职能包括：安排由于现有设施服务不足或没有特别协助便不能使移民者有组织地迁移至那些提供有秩序移民机会的国家；参与对难民、流离失所者和其他需要国际移民服务的个人进行有组织的迁移，对这些人可由本组织和有关国家，包括承诺接收这些人员的国家作出安排；应有关国家的要求并同其达成协议，提供移民服务，如招募、选择、分类、语言培训、定向活动、医疗检查、安置、有助于接收和融合的活动，并就移民问题提供咨询服务和符合本组织目标的其他协助；应各国要求或同其他有关国际组织合作，为移民自愿返回包括自愿遣返提供类似的服务；为各国及国际组织和其他组织提供论坛，交换意见和经验，促进国际移民问题上各种努力的合作和协调，包括对这些问题进行研究以寻求切实的解决方法。

欧盟移民整合指数设定的移民社会融合标准、国际移民组织的工作，对于促进移民的社会融合发挥了积极作用。但是，移民问题作为各国尤其是发达国家社会政策领域的敏感话题，一些别有用心的政客常常攻击促进移民社会融合的政策，把移民问题作为打击执政者、骗取下层劳动阶级信任的工具，社会也因为移民问题被撕裂成不同阵营。要更好地解决移民的社会融合问题，涉及建立国际政治、经济新秩序，即应该以相互安全为前提，以均衡发展为基础，以公认法理为保障，以对话合作为手段，以共同繁荣为目标；涉及发展民主政治，保障基本人权，发展社会经济，消除两极分化，发展多元文化，在尊重不同民族、宗教、种族文化基础上进行社会整合；涉及按照可持续发展战略保护环境，防止人类对自然资源的过度开发，在尊重生物多样性的基础上建立人类与自然的伙伴关系，实现人类与自然的和谐共存。如果不从这些方面采取措施，因为移民引发的矛盾冲突依然会层出不穷。

二、历史回放：上海新市民社会融合的时代背景

（一）从开埠到上海解放时期

上海的大发展是在 1843 年开埠之后。随着上海经济的快速发展，国内外的移民纷至沓来，上海成为"冒险家的乐园"。上海开埠的时候，城市人口 20 多万人，到 1900 年，就超过了 100 万人，到 1915 年，超过了 200 万人，到 1919 年，超过了 240 万人，到 1949 年，超过了 546 万人，这些人口中 85% 以上是移民过来的。国内移民主要来自江苏、浙江、广东、安徽、山东等地，国际移民来自 58 个国家和地区，除了英、美、法、俄，还有日本、印度等亚洲国家，如租界的巡捕就主要是由印度人担任。新中国成立前的各类同乡会馆在新移民的社会融合过程中发挥了积极作用，据记载，涉及新移民的社会纠纷甚至治安案件，警察会及时告知同乡会馆并责令同乡会馆做好教育和引导。

为防范从农村到城市后可能引发的矛盾与问题，解放军在进军上海之前，专门在江苏丹阳开展了一段时间的进城教育，发放《城市常识》，帮助战士们了解城市生活的基本常识，知晓城市生活的规章制度，掌握与城市居民交往的基本规则。例如，针对战士们遇到的触电危险，《城市常识》以电灯为重点，详细介绍城市电力系统和原理，普及使用方法和注意事项，针对容易触电的操作都一一做了分析。编纂者精心地将各种常用电器绘制成图，配以浅显的解说，提醒战士们重点提防潜在危险，风扇转动时远离叶片谨防削手致残，避免把手伸进插座孔里触电，煮饭用的电炉和煤气灶要小心使用等。还对常见的城市设施如电梯、电铃和电话等做了介绍，堪称"最全电器说明书"。交通事故是另一大高危因素。当时，火车是被乘坐频率最高，也是事故率高发的交通工具，事故原因包括头伸出车外被迎面而来的火车剐蹭、在站台拦停高速行驶的火车、火车没有停稳就跳车，以及在铁轨上滞留和奔跑。虽然许多战士在进城前坐过集体火车，但并不清楚购票和乘车规则，个人乘车时有未购票就直接上车的、有坐反方向的、有不按时按点候车

的，甚至还有在铁轨边"搭招手停"的情况。《城市常识》告诉战士们买票流程、站台须知和乘车规则，尤其强调注意安全，防止上述悲剧的发生。解放军野外作战时拦爬汽车是常见的事，但进城后就成了要命的习惯，极易造成主干道交通混乱和人员伤亡。针对这些问题，《城市常识》介绍了城市中各类车辆，重点介绍了消防车、救护车等特殊车辆，提醒战士们遇到有紧急任务的车辆必须避让；还绘制了城市交通图，详细普及了人行道的用途、红灯停绿灯行的交通规则、有轨电车和汽车的乘坐方式等交通常识，尤其强调服从交警听指挥。《城市常识》还告诉进城官兵应尊重市民生活的习惯，不能用农村熟人社会的交往方式来与陌生人社会的市民打交道。过去部队行军物资缺乏，习惯向老乡借钱粮和日常物品应急，虽然会打欠条按时归还，但对习惯于商品买卖的市民来说，打欠条借物不符合商业逻辑，因此部队专门成立负责借物的机关进行统一筹借防止扰民。传统乡村的本质是熟人社会，串门走邻居是常见的交往方式，但大城市中公私空间泾渭分明，家作为绝对的私人领域并不随时对陌生人敞开大门。因此，教材强调官兵不能像在乡下一样"为了拉呱（聊天）和好奇不请自入"，更不能随意开口要求在市民家借宿。即使是找人和拜访也不能擅入居民家中，要按规矩敲门和按门铃。如果在下雨天进房间要擦干净鞋底，注意卫生。在不扰民的同时，还要严格遵循城市纪律，尤其禁止鸣枪，以免引发居民恐慌。在进城前开展的进城教育，加上解放军铁的纪律，为解放军顺利接管上海发挥了至关重要的作用。

（二）从上海解放到改革开放时期

上海解放后，移民的步伐并没有消失，这时的移民分两部分，一部分是从山东等老解放区过来的南下干部及其家属，一部分是周边省份的居民。

1958年，《中华人民共和国户口登记条例》发布，规定公民应当在经常居住的地方登记为常住人口，一个公民只能在一个地方登记为常住人口。公民由农村迁往城市，必须持有城市劳动部门的录用证明，学校的录取证明，或者城市户口登记机关的准予迁入的证明，向常住地户口登记机关申请办理迁出手续。公民在常住地市、县范围以外的城市暂住3日以上的，由暂住地的户主或者本人在3日以内向户口登记机关申报暂住登记，离开前申报注销；暂住在旅店的，由旅店设置旅客登记簿随时登记。公民因私事离开常住地外出、暂住的时间超过 3 个月的，应当向户口登记机关申请延长时间或者办理迁移手续；既无理由延长时间又无迁移条件的，应当返回常住地。随着上述严格限制公民流动的户口登记条例的发布，上海作为移民城市的历史也就告一段落。不仅如此，因为支援内地、支援边疆、支援"三线"建设，以及知识青年上山下乡，上海主要面临的不是新市民的社会融合问题，而是上海市民到内地、边疆、"三线"以及农村后的社会融合问题，如何适应从城市到农村的生活，成为上海社会关注的焦点。

（三）从改革开放到 2021 年

改革开放以后，尽管还存在粮票、户籍等多方面的限制，但随着上海城市化、工业化步伐的加快，上海再度成为周边省份农民工进城的首选城市。从 2006 年开始按照"常住人口"口径统计到 2014 年，9 年时间上海常住人口从 2005 年的 1778.42 万人，到 2013 年的 2415.15 万人，增加了 636.73 万人，其中外来常住人口由 2005 年的 438.4 万人增加到 2013 年的 990.01 万人，增加了 551.61 万人，占 9 年间增加人口的 86.63%，即上海 9 年常住人口增加的绝大部分来源于外来常住人口的增加。9 年间，外来常住人口以每年增加 61.29 万人的速度，迅速扩展了上海城市的人口规模。

从 2014 年到 2021 年，上海对于新市民社会融合的总基调是实施控制特大城市人口规模政策，以期通过减少外来常住人口的流入来预防和化解各类城市危机，调控因为外来常住人口增加而引发的社会矛盾。上海自 2014 年以来一直在执行控制特大城市人口规模政策，并提出了具体的控制指标，如上海市闵行区发布《闵行区调控人口规模优化人口结构三年行动计划（2014 年—2016 年）》，为实现调控人口规模、优化人口结构的目标，闵行区计划通过城市建设动迁和社区化管理、依法治理违法出租房屋、依法整治违法搭建房屋、依法取缔无证违规经营、调整低端产业等措施，在相应的重点区域、重点行业调减存量人口 30.5 万人（见表 2）。根据 2014 年的《上海统计年鉴》，闵行区常住人口 2532200 人，其中外来常住人口 1283000 人。而根据 2021 年第七次人口普查数据，闵行区常住人口 2653489 人，其中外

来常住人口 1242924 人，调控措施让外来常住人口减少了 4 万人，但远远没有实现调减存量人口 30.5 万人的目标。

表2　闵行区2014—2016年人口调控计划

单位：万人

区域	合计	以房控人			以业控人	
		城市建设动迁和社区化管理	依法治理违法出租房屋	依法整治违法搭建房屋	依法取缔无证违规经营	调整低端产业
浦江	5.38	2.53	0.15	1.03	1.02	0.65
华漕	4.79	1.20	0.70	1.47	1.30	0.12
梅陇	4.56	1.66	0.51	1.06	0.98	0.35
七宝	3.69	1.99	0.50	0.49	0.61	0.10
颛桥	2.38	0.92	0.63	0.25	0.47	0.11
虹桥	1.97	1.19	0.42	0.11	0.20	0.05
马桥	1.89	1.01	0.12	0.34	0.39	0.03
莘庄	1.77	1.02	0.42	0.08	0.25	0
吴泾	1.42	0.35	0.03	0.43	0.39	0.22
新红	1.13	0.31	0.31	0.22	0.29	0
工业区	0.80	0.02	0.40	0.02	0.16	0.20
古美	0.48	0	0.34	0.02	0.12	0
江川	0.24	0	0.12	0.03	0.09	0
全区	30.50	12.20	4.65	5.55	6.27	1.83

资料来源：闵行区社会建设工作领导小组办公室编：《闵行区社会建设报告2014——多元主体参与下的社会治理创新》，上海交通大学出版社2014年版，第221页。

（四）2021年以来

2021年2月23日，上海市人民政府发布的《关于本市"十四五"加快推进新城规划建设工作的实施意见》提出，将位于重要区域廊道上、发展基础较好的嘉定、青浦、松江、奉贤、南汇5个新城，培育成在长三角城市群中具有辐射带动作用的综合性节点城市。到2035年，5个新城各集聚100万左右常住人口，基本建成长三角地区具有辐射带动作用的综合性节点城市。到2025年，5个新城常住人口总规模达到360万左右，新城所在区的GDP总量达到1.1万亿元，基本形成独立的城市功能，在长三角城市网络中初步具备综合性节点城市的地位。

为实现新城建设和人口导入的目标，文件要求制定差异化的人口导入和人才引进政策，完善居住证积分和落户政策，加大新城对紧缺急需人才和优秀青年人才的引进力度，拓宽海外人才引进渠道。探索出台与中心城区差异化的购房和租赁政策，研究完善租购并举、租售衔接的人才住房政策。因地制宜制定涉及教育、医疗、养老等服务人才的"一揽子"公共服务配套政策。

具体内容包括：一是对新城重点产业的用人单位，可由行业主管部门优先推荐纳入人才引进重点机构。二是缩短新城"居转户"年限，对在新城重点产业的用人单位和教育、卫生等事业单位工作满一定年限并承诺落户后继续在新城工作2年以上的人才，经新城所在区推荐后，"居转户"年限由7年缩短为5年。三是对新城范围内教育、卫生等公益事业单位录用的非上海生源应届普通高校毕业生，直接落户打分加3分。四是市、区加大对新城特殊人才落户的支持力度。对上海市居住证持证人在新城工作并居住的，予以专项加分，即每满1年积2分，满5年后开始计入总分，最高分值为20分。赋予新城所在区上海科技创新职业清单推荐权。新城重点用人单位引进的在国（境）外高水平大学获得科学、技术、工程和数学等紧缺急需专业学士及以上学位的留学人员，在新城全职工作并缴纳社会保险满6个月后，可申办落户。在上海地区高校取得本科及以上学历的国际学生，以及在国（境）外高水平大学取得本科及以上学历的优秀外籍毕业生，可直接在新城工作、创新创业。

应该说，上海在人口导入和人才引进方面已经迈开了很大一步，从以前的严格控制人口规模到现在的扩大常住人口规模，但限于国家特大城市人口调控政策，上海对五大新城之外的外来常住人口的若干控制政策没有做相应调整。

三、现实关照：解决新市民社会融合问题的上海方案

从2013年开始，上海通过政府部门与社会组织合作，开展了进城务工人员技能文化培训项目，专设进城务工人员技能文化培训资金，成立了上海

市进城务工人员技能文化培训工作领导小组办公室，开展了上海市进城务工人员技能文化培训需求调研的课题研究，在需求导向的基础上，开发了进城务工人员技能文化培训的系列教材（首批 10 本教材为城市文明、法律常识、职业道德、安全知识、食品卫生、信息技术、人际交往、环保意识、身心健康、家庭教育）和 2000 个视频资源，组建了近 300 人的进城务工人员技能文化培训志愿者讲师团，通过与农民工子弟学校、企业、社会组织、建筑工地和基层党组织合作，累计培训进城务工人员近百万人次，19 家培训单位被授予"上海市进城务工人员技能文化培训示范点"，贴近需求，贴近基层，贴近服务对象的进城务工人员技能文化培训取得了初步成效。

（一）政府做法与成效

在上海市教委的具体指导下，上海开放大学、上海市进城务工人员技能文化培训工作领导小组办公室构建政府、企业、社区、学校与社会公益组织的合作培训机制，从培训定位、培训内容、培训组织和培训教学四个方面来保证进城务工人员技能文化培训工作的落实。

一是在培训定位上，以"新市民"教育为先导，明确进城务工人员技能文化培训的目标定位是为农业转移人口市民化提供保障。开展了进城务工人员技能文化培训供需对接实证研究课题，全面摸清本市政府、企业、学校和社会组织面向进城务工人员开展培训的情况，并结合对 2 万名进城务工人员学习需求的问卷调查，明确进城务工人员技能文化培训的定位是从精神、心理和素养层面，促进进城务工人员了解上海，认同上海，为上海经济发展培养有忠诚度、有责任心的劳动者，为上海社会建设培育合格的新市民。

二是在培训内容上，根据需求导向，按照进城务工人员所在企业、所在社区以及相关单位的要求，在征求进城务工人员意见基础上，明确每次具体的培训内容，使培训内容更加具有针对性。例如"安全知识"专题是一个很大的范围，除了交通安全之外，不同行业、不同领域关注的安全重点不一样。在建筑工地，请建筑业的相关专家，向建筑工人讲授施工安全知识；在社区，请相关专家向进城务工人员讲授安全使用燃气、安全用电以及消防方面的安全知识，注意培训内容的针对性与实用性。

三是在培训组织上，建立政府、学校、基层组织和社会公益组织的合作推进机制，搭建供需双方共同参与的进城务工人员技能文化培训服务平台。市教委提供的资金保障，上海开放大学的教学资源，面向全市招募的进城务工人员技能文化培训志愿者讲师团的教师资源，社会公益组织开通的面向企业、社区和建筑工地的培训渠道，企业、社区和建筑工地组织的参加培训的进城务工人员，各方资源在服务平台上得到有效整合，保证了提供培训方和培训对象的有效对接。

四是在培训教学上，要求教师把学员当亲人，把自己当导游，台上台下平等，课前课后互动，以真情换真情，在平等、尊重的基础上引导学员提升素养。组织开展了进城务工人员技能文化培训志愿者教师资格培训，邀请有经验的教师志愿者介绍心得体会，要求教师在真情、平等、尊重、包容的基础上，注重互动教学，注重案例教学。一个半小时的教学时间，安排一小时由教师主讲，半小时由学员分享自己学习的心得体会，并就自己感兴趣的问题与教师互动。

根据复旦大学课题组对 50 名参与和 50 名未参与技能文化培训的进城务工人员的对比研究可以看出，培训提高了进城务工人员的工作投入程度、品格、工作满意度、家庭满意度以及成就动机，或者说，培训提高了进城务工人员的工作和生活质量。具体体现在以下四个方面。

一是"新市民"教育促进进城务工人员更好地了解上海，融入上海。"城市文明""法律常识""职业道德""环保意识"等方面的专题课程让进城务工人员对上海的风土人情、风俗习惯有了更多的了解，对城市管理、交通管理、社会治安、环境保护方面的法律知识有了更多的认同，能够避免一些因为不知、不懂、不理解而产生的矛盾与冲突。

二是"好员工"教育促进进城务工人员提升岗位技能，提升工作的满足感和成就感。"安全知识""信息技术""人际交往"等方面的专题课程不仅让进城务工人员懂得在陌生人社会如何处理人与人之间的关系，如何与身边的领导、同事、下属相处，还提高了岗位安全意识与应对突发事件的能力，以及在信息化社会应知应会的一些网络、电脑与手机应用的基本知识。

三是"好家长"教育促进进城务工人员转变家庭教育观念，提升家庭教育技巧。"家庭教育"等方面的专题课程让家长在"要不要打孩子""对待男孩女孩要不要一视同仁""对待孩子是表扬为主还是批评为主"等问题上进一步转变观念，在如何花时间与孩子相处、如何倾听孩子的心声、如何从家庭教育的角度培养孩子的学习兴趣、如何培养孩子的自信心等方面的技巧有所提升。

四是"好身体"教育促进进城务工人员养成良好的卫生习惯，提高身体与心理素质。"食品卫生""身心健康"等方面的专题课程让进城务工人员懂得如何预防疾病，发生一些常见病后如何及时就医、及时治疗，如何用平和的心态来看待社会、看待他人、看待自己。

（二）社会组织做法与成效

为了解决这一难题，政府要发挥主导作用，提供基本公共服务；社会组织也要帮助外来人员在观念、思维与行为方式上与城市接轨，通过提供公益支持，让他们了解所在城市的风土人情和风俗习惯，适应从乡土社会到城市社会，从熟人社会到陌生人社会的转变。以促进外来人员融入上海为使命的公益组织——上海农之梦青年公益服务社（以下简称农之梦服务社）在上海市各级政府的支持下，通过开展进城教育、"与来沪务工人员交朋友"活动以及技能文化培训，为包括建档立卡贫困户在内的农业转移人口在上海的工作和生活提供全方位的支持，为外来人员融入上海开展了有益的探索。

一是开展进城教育，帮助他们了解上海的风土人情、风俗习惯和政策法规。以"融入上海"为主题的进城教育系列讲座，从上海景观、上海语言、上海文化以及在上海的医食住行等四个方面，全方位地展示在上海工作应知应会的知识，帮助他们尽快适应上海的环境，在生活上和工作上都能与上海做好衔接。例如，介绍上海聚会的"三大纪律八项注意"，"三大纪律"即守时、从众和友尚往来（谁召集谁买单、谁的地盘谁买单、谁有钱谁买单），"八项注意"即谁买单谁安排座次、谁买单谁有话语权、慎重处理夹菜、人抬人高、保守秘密、不要随便劝酒和醉酒、讲究点菜买单以及注意与左邻右舍的交流，让他们知道城市社会人际交往的规则；介绍上海就医、就餐、出行、租房方面的政策法规，如就医方面涉及医疗保险凭证、门诊急诊医疗费用支付、门诊大病和家庭病床医疗费用支付、在职职工的住院或急诊观察室医疗费用支付、统筹基金的最高支付限额及以上费用、部分特殊病种的医疗费用支付，以及不纳入基本医疗保险基金支付范围的医疗费用等内容，让他们知道生病以后如何就医买药。

二是开展"与来沪务工人员交朋友"活动，让上海本地志愿者与包括建档立卡贫困户在内的来沪常驻人口一对一交朋友，为他们提供一对一的帮助。"与来沪务工人员交朋友"活动旨在通过本地志愿者与来沪务工人员结对互助，为来沪务工人员尽快适应上海生产、生活及学习情况，提升自身素质，树立归属认同，提供切实可行的帮助。同时，也为双方互助助人搭建平台。为规范"与来沪务工人员交朋友"活动，明确各方的权利和义务，保障各方的合法权益，农之梦服务社设计的结对协议要求本地志愿者利用闲暇时间，借助农之梦服务社提供的平台，为来沪人员提供信息、咨询服务，做到每个季度通过电话交流、网上交流、面对面交流等形式，与来沪人员做一次沟通，并做到每年不少于一次面对面交流。来沪人员可以向本地志愿者反映在上海生活、工作等的实际情况，双方利用自己的资源向对方提供力所能及的帮助。当双方无法解决对方提出的问题时，双方尤其是本地志愿者有义务将相关需求反映给农之梦服务社，由农之梦服务社统筹运用相关资源，提供帮助和问题解决方案。对于农之梦服务社无法解决的问题，农之梦服务社有义务向相关政府管理部门反映，争取使问题的解决获得相关政府管理部门的支持。协议要求双方将每次沟通情况，通过农之梦服务社的网站或者微博、填写纸页表格等方式反映出来，由农之梦服务社及时汇总相关信息。目前，农之梦服务社已经在浦东新区的6个街镇开展了此项工作。

三是区分需求层次，开展技能文化培训，提升他们的就业能力。要区分需求层次，就要对包括建档立卡贫困户在内的农业转移人口的现实情况进行分析，了解他们不同的职业类型与发展阶段。从职业类型上，大致可分为他

雇型与自雇型，不同的职业类型面对的生存需求不一样，如他雇型的通常是人际交往规则问题，无论是在工作上与其他同事的相处，还是在寝室内与室友之间的相处，都与农村有很大差别，所以针对他雇型的农业转移人口，农之梦服务社首先做城市社会人际交往规则的培训，让他们能够适应陌生人社会的游戏规则，以便在工作上与领导和同事更好地交流，在生活上与室友之间更好地相处。自雇型的通常是城市管理的规则问题。根据调查，自雇型的以经商为主的人员，按照其发展路径，一般有三个阶段：第一个阶段是游商，也就是到处打游击的无证摊贩，因为这种方式成本低，收效快，适合实现资金的原始积累；第二个阶段是坐贾，经过第一个阶段的资金积累，可以在一个地方租一间房间，或者是租一个固定摊位开始做生意；第三个阶段是公司化发展，待资金积累到一定程度，人脉与市场拓展到一定程度，这时可以成立公司，规范化发展。第一个阶段主要是解决生存需求，而这种生存需求又与城市市容与环境管理的基本规则相冲突。为了解决这个问题，农之梦服务社开展城管执法人员与小商小贩之间的面对面交流，通过这种面对面交流来宣传城市管理的政策法规，了解城市小商小贩与农村小商小贩之间的区别，帮助他们在解决生存问题的同时规范行为方式。

不同职业类型的发展需求也不一样。他雇型的在工作稳定后，要考虑自身的学历或者非学历的培训，以获得更好的发展机会。自雇型的在生意稳定后，会考虑成家立业，或者将孩子带到身边读书，这时候家庭教育就会很重要。从农之梦服务社开展的来沪务工家长课堂的情况来看，很多家长的家庭教育理念还较为传统，与其孩子通过上海的学校教育感受到的一些基本教育理念还有些差距，家庭教育与学校教育还不太协调。农之梦服务社开展的"家长课堂"一般为六次讲座：第一讲家庭教育的智慧，主要从家庭教育的理念等角度，让家长从改变自身的观念与行为开始，确立现代教育理念，规范自我行为标准；第二讲从家庭教育的角度培养孩子的学习兴趣，主要从家庭教育的具体方法、技巧等方面，帮助家长"怎么教"；第三讲职业教育面面观，主要是从现实政策规定出发，帮助家长了解上海职业教育情况，为家长指明一条路，也帮助家长转变一些观念；第四讲家庭相关法律知识，包括家长在工作中涉及的相关法律和家庭生活中涉及的相关法律，帮助家长知法、懂法、用法；第五讲少年儿童心理简析，针对特定年龄段孩子的心理发育状况，让家长对孩子的教育更具科学性和针对性；第六讲少年儿童安全防护，主要是通过介绍相关知识，让家长了解身体安全、心理安全和行为安全的相关概念，掌握对孩子全方位防护的理念与技巧。

四是与公益组织绿洲食物银行合作，为进城务工人员定期提供免费食品，帮助他们减轻经济压力。绿洲食物银行是我国首家食物银行，作为国内唯一一家被世界食物银行认证的分支机构，秉承"让更多食物被更好地食用"的理念，为上海那些有需要的家庭定期提供免费食品支持。食物银行的概念发端于20世纪60年代，目的是将"多余"的食物收集起来，分发给有需要的人，一面减少食物浪费，一面为困境中的个人提供必要援助。半个多世纪以来，类似的公益组织在全球多地逐步发育成熟，并形成了全球食物银行网络这一国际联盟组织。目前，农之梦服务社已经与绿洲食物银行合作，为5万名进城务工人员发放了包括饼干、面包、方便面及果干在内的各类免费食品。

探索解决新市民的社会融合问题，上海已通过政府与社会合作取得一定成效。但由于一些制度性的限制，主要是户籍制度的限制，上海的探索还只是起步，有待通过进一步的改革来予以完善。

四、未来展望：促进新市民社会融合，防范与化解各类风险的主要措施建议

全面放开城镇落户条件，全面取消城市落户限制，是上海未来户籍制度改革的方向，也是促进新市民社会融合的关键所在。上海要成为"具有世界影响力"的城市，可以在当前探索解决新市民社会融合的道路上，进一步加大培训力度，加大对社会组织的支持力度，加大研究力度，并加大服务力度，力争在解决移民的社会融合问题上提供更加完善的上海方案。

一是要加大培训力度，帮助来沪人员了解上海，认同规则，提升技能与文化素养。要在已经开展进城务工人员技能文化培训的基础上，进一步扩大培训范围，力争让所有来沪人员都能够根据其需求得到相应培训，这种培训

有共性的，即进城教育；也有个性的，即根据每个人的生存与发展阶段的不同情况提供个性化的培训，包括技能提升，也包括文化素养提升。

二是要加大对社会组织的支持力度，加大政府购买相关公益组织服务力度，媒体也要加大对相关公益组织的宣传，为更好地服务来沪人员创造良好的舆论环境。目前，上海市慈善基金会、上海市慈善教育培训中心在为来沪人员子女开展财商教育，为来沪务工家长开设家长课堂，上海久牵志愿者服务社、太阳花等公益组织也在为来沪人员子女开展全方位的服务，还有更多的公益组织在为来沪人员子女提供学业辅导或者兴趣提升。要加大政府购买服务力度，加强对这些公益组织的宣传，形成全社会关心关爱来沪人员的舆论氛围。

三是要加大研究力度，成立新市民社会融合研究院，提出新市民社会融合指数，为移民的社会融合提出上海标准。要成立新市民社会融合研究院，借鉴欧盟移民整合指数，从政府政策层面、企业执行层面、社会组织服务层面以及个人心理层面提出新市民社会融合指数，并用新市民社会融合指数来评判各区的相关工作。

四是要加大服务力度，目前重点是加强来沪人员子女服务力度，为五大新城建设储备人力资源。具体包括改进来沪人员子女小学服务，增加教育投资，提高教学质量。目前，上海90%的来沪人员子女在公办小学，10%左右在政府购买服务的来沪人员子女小学就读。要增加教育投资，提高生均经费，加强公办小学与这些小学的交流，不断提高来沪人员子女小学教育质量。改进来沪人员子女初中服务，加强教育引导，防止学生流失。按照目前的政策规定，能上小学就应该可以上初中，要打通小学和初中之间的升学通道，让小学生都能顺利升入初中。要根据来沪人员子女分布数量，在郊区扩建更多的初中，做好教育引导，让他们初中毕业后继续留在上海就学就业。改进中专职校服务，增加招生名额，做好与国家高职扩招的对接工作。要扩大招生名额，让有意愿留在上海就读的来沪人员子女都能选择自己满意的中专职校；要优化中专职校的专业设置，围绕上海城市需要设置相关专业；要打通中高职联通渠道，让有意愿的来沪人员子女能够进一步深造；要做好与国家高职扩招的对接工作，为来沪人员子女提供更好的发展空间。要完善职业教育体系，围绕五大新城建设所需要的技能型人才，从人工智能、新材料等领域做好教材、师资、技能证书以及校企合作工作，建立从入口到出口的全过程服务体系。打通企业、行业协会、学校、培训机构以及社会组织在职业教育领域的联通渠道，围绕人工智能、新材料等领域，通过企业了解需求，通过学校开展有针对性的培训，通过校企合作让来沪人员子女能够从事高科技领域的技能型岗位工作，并建立岗位技能等级体系。

2021年颁布的《中共上海市委关于厚植城市精神彰显城市品格全面提升上海城市软实力的意见》指出，软实力建设是事关人人的"人心工程"，必须充分激发方方面面参与的积极性、主动性、创造性，最大限度地凝聚全社会共识和力量。进一步完善新市民的社会融合，既是上海进一步发展的内在需要，也是上海打造世界影响力的重要内容。让1000多万外来常住人口在上海更好地学习、生活、工作，一定要更好地防范与化解各类矛盾冲突，形成"人人都是软实力"的生动局面。

参考文献：

黄匡时、嘎日达，2010，《"农民工城市融合度"评价指标体系研究——对欧盟社会融合指标和移民整合指数的借鉴》，《西部论坛》第20卷第5期。

李经中，2003，《政府危机管理》，中国城市出版社。

李经中，2016，《超大城市三重社会治理研究》，上海交通大学出版社。

刘统，2018，《战上海》，学林出版社。

上海市人民政府网站，www.shanghai.gov.cn，政策文件栏目。

社邻家、郑思斯、［美］罗斯玛丽·欧莱瑞等，2021，《冲突怎么办？社区民主协商实战宝典》，上海三联书店。

徐本亮，2018，《社会组织管理精要十五讲》，上海社会科学院出版社。

于珍，2009，《近代上海同乡组织与移民教育》，社会科学文献出版社。

中华人民共和国外交部网站，www.fmprc.gov.cn，国际组织与会议概况栏目。

Exploring Shanghai's Pathway to the Social Integration of New Urban Migrants

Li Jingzhong

Abstract: Industrialization and urbanization are the inevitable trends of social transformation in China, and the urbanization of the rural population is also an important way to revitalize the countryside. Migrant workers, moving from rural to urban areas and from a society based on primary relationship to one based on secondary relationship, require education to adapt to urban life. Such education helps them to understand the city, inform of its rules, articulate their demands, and participate in community governance. In Shanghai, the local government has cooperated with social organizations to provide education for these migrants, including migrant workers, as well as training in skills and knowledge of local culture, and has implemented a series of measures for serving these new arrivals. To some extent, this has prevented and resolved the conflicts that arise during the social integration of new migrants, providing a solution for the urbanization of the rural population and offering a "Shanghai model" to the global challenge of social integration of migrants/immigrants. This article introduces the current situation of immigrant social integration in global context, reviews the historical background of the social integration of new migrants in Shanghai, presents the practices and effectiveness of Shanghai's efforts to promote the integration of new citizens, and suggests strategies for to facilitate their social integration.

Keywords: New Citizens, Social Integration, Education for Urban Life, Skill Training, Cultural Literacy Training

山东省东营市残疾人信访工作现状调查分析

□ 陆欢欢*

摘要：习近平总书记多次强调，残疾人是人类大家庭的平等成员，是一个特殊困难的群体，对残疾人要特别关心、特别关注。残疾人信访工作作为群众工作的重要组成部分，是各级党委、政府关心、关爱和帮助残疾人的重要桥梁和纽带。近年来，山东省东营市坚持了解残疾人、贴近残疾人、倾听残疾人、帮助残疾人，通过完善组织架构、拓宽信访渠道、创新工作方法等措施，切实维护了残疾人合法权益，有效促进了社会和谐稳定。笔者以东营市的残疾人信访工作为例，旨在通过分析研究残疾人信访工作特点，总结工作成效经验，发现存在的问题，进而提出更加完善的意见和建议，进一步推动做好新时代残疾人信访工作，助力国家治理体系和治理能力现代化建设。

关键词：残疾人　信访　原因分析　对策建议

民惟邦本，本固邦宁。习近平总书记多次强调，残疾人是人类大家庭的平等成员，是一个特殊困难的群体，对残疾人要特别关心、特别关注。残疾人作为弱势群体，在社会上经常会受到不公正的待遇，信访是残疾人维护自身合法权益的重要途径（李实如，2014）。全国有8500多万残疾人，涉及2亿家庭人口，抓好这个群体的信访工作意义非凡。做好新时代残疾人信访工作，不仅有利于信访部门和残联组织更加贴近残疾人群体，倾听真实呼声，了解合理诉求，帮助解决困难，成为调节社会矛盾的"缓冲器"，缓解群众

---

* 作者简介：陆欢欢，山东省残疾人就业指导中心副主任，东营市信访局副局长（挂职）。

情绪的"减压阀"，更重要的是能够架起党委、政府与人民群众之间的"连心桥"，切实维护和促进社会和谐稳定。

一、东营残疾人信访工作基本情况

根据第二次全国残疾人抽样调查统计，东营市共有12.1万残疾人，约占全市总人口的6.65%，涉及家庭10万多户。截至2023年1月1日，全市持证残疾人5.14万人，占抽样调查总数的42.48%。其中，视力残疾人4095人，占全市持证残疾人总量的7.96%；听力残疾人6289人，占12.22%；言语残疾人477人，占0.93%；肢体残疾人27337人，占53.14%；智力残疾人4601人，占8.94%；精神残疾人5115人，占9.94%；多重残疾人3530人，占6.86%。

2017年1月至2023年1月，全市信访系统共受理涉及残疾人信访事项438件（批），其中来信和网上投诉317件，来访121批178人次（个体访119批143人次，集体访2批35人次）。纵观以上信访件，主要呈现以下四个方面特征。

一是从涉残疾人信访事项的诉求主体身份来看，并非局限于残疾人本人。涉及残疾人信访事项的诉求主体与其他公民人相比呈现出多样性的特点，其中，残疾人本人信访的较多，约占90%，残疾人亲属、村（居）委员会或残疾人单位代为反映诉求的约占10%，集体访比较少。

二是从诉求的内容来看，涉及面并不集中。残疾人信访诉求种类多、涉及面广，从内容来看，主要分布如下：民政与应急120件、教育69件、军队事务46件、涉法涉诉45件、城乡建设45件、劳动和社会保障27件、农村农业21件，占信访总量的85.16%；其他14.84%主要涉及卫生健康、纪检监察、生态环境、交通、自然资源、市场监管、科技与信息产业、文体旅游等。

三是从信访形式上来看，网上信访成为主渠道。多数残疾人不方便通过走访等方式反映诉求，但随着智能手机、互联网技术的应用发展，网上信访已逐步成为残疾人反映诉求的主渠道。经统计，2017年残疾人网上信访数量占全部涉及残疾人信访事项总量的比例为58%，2018年占比64.78%，2019年占比75.61%，2020—2022年占比均为100%，网信占比呈逐年上升趋势。

四是从处置情况来看，个别问题复杂难解。残疾人文化程度相对不高、维权意识较弱，有的肢体残疾人出行不便，智力、精神类残疾人词不达意、无法正常表达，视力、听力类残疾人交流困难，有的理由不清或证据缺失，有的"按下葫芦起来瓢"，解决完一个问题又引发了新的次生问题，个别人员方式过激，为扩大影响会借助社会舆论同情缠访、闹访，妥善处置化解难度较大。

纵观以上残疾人信访数据不难看出，当前残疾人信访工作呈现的特点：一是问题分散难度增大。残疾人群众反映的问题五花八门，虽然大都以个人访为主，集体访较少，但有的是历史遗留问题，有的涉及人大、法院、检察院职权范围内的信访问题，给化解问题带来了难度。二是渠道多元敏感性强。现在是全民自媒体时代，人人都有麦克风。由于残疾人群体的特殊性，如不正确引导其通过正规渠道表达合理诉求，不高度重视及时处理问题，就可能会被别有用心的人利用，发酵膨胀后给社会带来消极的负能量，造成不和谐的负面舆论。三是信访整体形势平稳向好。虽然网上信访量占比呈上升趋势，但残疾人信访总量在逐年下降，一次性化解率和满意率较高。这主要得益于多年来党和国家对残疾人群体的关心爱护，得益于各级各部门对残疾人群众在康复、教育、培训就业、扶贫、社会保障、无障碍环境出行等方面优惠帮扶措施的推陈出新、提标扩面，得益于基层同志对残疾人兄弟姐妹们的问题用了真功夫、下了大力气，共同缓和化解了群众矛盾，促进了生活水平的日益提高，推动了他们的幸福指数不断提升。

二、东营的主要做法和工作成效

"民之所忧，我必念之；民之所盼，我必行之"是中国共产党人鲜明的人民立场，也是做好残疾人信访工作的第一要义，要求时刻把心贴近残疾人，把残疾人当成自己的亲友。近年来，东营市始终坚持以人民为中心，认

真抓好残疾人信访工作，通过建立联动工作机制、落实领导公开接访、搭建维权平台、畅通维权热线、加强排查化解等措施，推动全市残疾人信访工作呈现良好局面。

1. 完善组织架构，形成信访工作合力。一是残联组织成立信访专司部室。市残联成立了权益部，专门设立信访接待室，全面负责残疾人日常信访受理、转送、交办、督查等具体工作。二是成立信访工作领导小组。市级成立了以党组书记、理事长任组长，班子成员任副组长，各部室、单位负责人为成员的信访工作领导小组。同时，各县（区）也成立了相应机构，形成了"一级抓一级、层层抓落实"的信访工作机制。三是完善领导包案和公开接访制度。对重要的残疾人信访件，采取领导现场办案、带头接访、信访调研等方式，千方百计化解群众矛盾，解决信访问题。2021年以来市残联主要领导公开接访20余次。四是市信访局和残联共同建立残疾人信访工作联动机制。按照信访信息资源共享、重大信访事项共商、复杂信访案件共办、信访体制机制共联的工作原则，进一步规范涉及残疾人信访事项的办理，加强部门间协作配合，推动新时代残疾人信访工作高质量发展。胜利油田职工李某此前因病致残，失去劳动力后生活困难，要求单位给予帮扶和保障。收到该诉求后，东营市信访局和市残联积极会同胜利油田及相关属地多次走访入户了解李某家庭情况、遇到的困难，拟定了化解方案和救助措施，"以心连心、以心贴心"地为李某提供了政府助学金、社区关怀等服务，有效地化解了群众矛盾。

2. 拓宽信访渠道，创新信访工作措施。一是畅通维权热线，搭建残疾人信访平台。除国家、省、市、县（区）四级信访部门的网上信访渠道外，东营还将12385残疾人服务热线整合到12345政务服务热线，目前该热线已成为残疾人反映诉求的重要"绿色通道"，深受广大残疾人朋友信任和依赖。二是注重摸排预警，提前化解信访苗头性问题。"去民之患，如除腹心之疾。"变被动接访为主动出击调研信访问题，残联组织通过开展"扶贫结对帮扶"、"访千村进万户"、残疾人状况动态更新调查等形式，深入残疾人家庭座谈交流、答疑解惑、疏导情绪、化解矛盾，实现了信访化解在萌芽状态、矛盾解决在当地的良好效果。三是强化法律服务，引导残疾人依法维权。近年来，东营连续部署开展"法援惠民生·关爱残疾人"活动，通过各级法律援助中心、基层法律服务站的律师为残疾人免费提供法律咨询、法律服务110余起，有效地避免了矛盾激化，涉及残疾人信访量大幅下降。原胜利油田职工家属张某反映医疗纠纷问题，因涉法涉诉难以化解。东营市信访局就其反映的问题，多方奔走为其提供专业的法律援助，积极引导其理性维权；在了解到张某身患残疾、不便出行时，积极协调市残联为其提供轮椅等辅助器具；并明确专人，点对点定期联系张某，及时掌握其思想动态和困难问题，从生活、思想等方面为其提供帮助和关怀。张某多次写信表达对党和政府的感谢。

3. 助力平安建设，强化重要节点信访工作。聚焦各级"两会"、全国助残日、"七一"、国庆、元旦、春节等重要时间节点，做到"三个强化"。一是强化组织领导，实行24小时值班制度。市、县（区）信访部门和残联组织全部采取领导带班、24小时值班的形式安排部署信访和维稳工作，每天汇总情况，做到有情况报情况，无情况报平安。二是强化信访和舆情排查。主要针对信访重点人员和网络舆情开展排查，对排查出的问题列出清单，区别不同情况分别采取说服教育、心理疏导、矛盾化解、重点管控等措施，及时超前就地化解残疾人信访矛盾，确保不发生脱管失控等问题。三是强化初信初访处置。高度关注重点时期发生的信访件，坚持第一时间汇报、第一时间处置，对诉求合理能够解决的及时认真办理；对诉求不合理、情况复杂的做到耐心宣讲政策，争取获得残疾人群众的理解和支持。对闹访、缠访的，及时采取领导包案、"专班＋网络化＋技防"、强化人员属地协同配合等管控措施，确保不发生影响安全稳定的事件。近5年的各重要时间节点，东营未发生过涉残疾人集体访、越级访、重复访等案件。

三、存在问题及原因分析

在看到残疾人信访工作呈现稳定向好局势的同时不难发现，残疾人的信访诉求随着政治、经济、社会的发展与时俱进，随着日益增长的精神和物质需求不断变化发展，并出现了许多新问题、新情况。

1. 责任意识和服务意识有待加强，在一定程度上存在"重稳控、轻服务"的思想。做好残疾人信访工作应立足以人为本，采取适合残疾人群众身心特点的人性化处理办法。然而在实际工作中，个别接访同志的责任感和同理心不强，在对待残疾人群众时，秉持单纯的接访办案思想，存在态度生硬、不够热情、文明用语不规范等情况；执政为民的观念不牢，对已经处理的信访事项缺乏主动跟踪调研，善后工作做得不到位，案件办理质量不够高等情况也时有发生；有的为民服务的意识淡薄，把"维稳"当作唯一工作目标，在一定程度上造成了"不闹不解决、小闹小解决、大闹大解决"的不良导向。这些主要是由于个别同志的政治站位不高，思想认识不到位，没有充分认识到信访工作是收集社情民意的重要窗口，是送上门的群众工作。残疾人是最困难的社会弱势群体之一，切实帮助残疾人解决实际困难，既是检验信访工作者人性、品质的重要途径，也是信访工作者肩负的重要政治责任，只有认真接待好每一个来访群众，才能不辜负人民群众对党和政府的信任。

2. 基层信访工作部分环节薄弱，在一定程度上存在信访工作规范化程度低的现象。一是个别基层工作人员在对待上级交办的信访案件，存在办理不够及时，对残疾人的诉求不登记、不记录等情况；对可以解决的合法诉求，仅停留在安抚劝说层面，在成功劝返后，对其反映的问题或将其束之高阁，或使之石沉大海；对不合理的诉求，不注重创新工作方法解开其"心结"，接待处理信访事项的水平有待提高。二是部分基层的接访机构缺乏系统配套的接访工作机制，缺少明确的责任体系和工作程序，在一定程度上影响了信访职能作用的有效发挥。三是基层接访人员业务水平参差不齐，理论联系实际的能力不足，有的同志对《信访工作条例》《依法分类处理信访诉求工作规则》等法规政策研究得不深不透，存在一知半解的情况，在处理问题时程序不够规范，没有按照"依据充分，事实清楚，处理准确，结论落实，材料齐备，手续完善"的标准严格执行；对于个别无理闹访、缠访等滋事扰序的行为，依法打击的决心不够，措施不力，影响了信访工作的正常开展。

3. 残疾人群众依法信访意识不强，在一定程度上存在诉求反映渠道单一的问题。有的残疾人群众对法规政策不够了解，遇到纠纷后不懂得如何依法维权，对一些涉法涉诉问题希望通过信访渠道来解决；有的残疾人群众片面认为信访特别是走访的部门级别越高，问题解决的把握就越大，把越级走访闹访视为"捷径"，错误地认为"小闹小解决、大闹大解决、不闹不解决"，借机给政府施压，给化解案件和安保维稳工作带来很大压力。此类情况产生的原因主要是：一方面，残联组织与信访和司法部门的沟通联系、协助配合不够紧密，对一些涉法涉诉信访问题的处理不够专业，在法治宣传方面还不够常态化，存在盲区和漏点，尚未形成依法信访的浓厚社会氛围；另一方面，基层群众的诉求反映渠道较窄，对相关法律法规缺乏了解，导致其法律意识淡薄，遇事过度依赖信访途径。

4. 信访工作主体责任传导不到位，在一定程度上存在信访工作力量相对薄弱的情况。个别地方个别部门和单位没有按照"属地管理"和"谁主管、谁负责"的原则，压紧压实信访工作主体责任，没有做到"看好自己的门、管好自己的人、办好自己的事"，存在相互推诿、化解质量不高、稳控措施不到位、基层吸附能力不强等问题。部分残疾人信访群众因对法院判决结果不满意、执行不到位等问题而信访，基层从事信访工作的人员对照"事心双结"的标准还有较大差距，处理群众的信访诉求过于简单化，以"程序性办结"替代实体性解决心结的情况依然存在，一旦其受到外界刺激，极易倒流反复。归根结底还是处理群众诉求、解决群众困难的过程中没有真正将习近平总书记强调的"三到位一处理"的工作要求贯彻始终。

四、对策和建议

1. 树牢政治意识，增强服务意识，确立信访工作的新思路。充分认识习近平总书记关于加强和改进人民信访工作的重要思想的指导意义，从全市工作的大局出发，切实增强"四个意识"、坚定"四个自信"、忠诚捍卫"两个确立"、坚决做到"两个维护"，坚持人民至上，坚守为民情怀，把做

好新形势下信访工作作为维护社会安全稳定的根本措施，把实现好、维护好群众的根本利益作为信访工作的根本目的，将信访这个"送上门的群众工作"办好办实，将维护和实现最广大人民群众的根本利益作为信访工作的出发点和落脚点，按照"三到位一处理"的要求，用心、用情、用力关怀帮助残疾人信访群众，带着感情和温度为残疾人群众解难事、办实事、办好事，引导残疾人群众听党话、感党恩、跟党走，不断汇聚起更多为推动新时代经济社会发展和衷共济的磅礴力量。

2. 夯实基层工作，健全工作机制，探索化解矛盾的新方法。一是建立残疾人信访事项风险评估机制。对残疾人信访事项，第一时间进行风险评估，根据风险情况分级采取相应处置措施。对风险级别较高的信访事项，由市级信访部门会同残联组织全程顶格协调、提级办理；对级别较低的，按照正常信访程序提速提质办理。残联组织在涉及残疾人利益等各类重大政策出台、调整前，要切实做好风险评估，对可能引发的不稳定因素和风险点提前摸排、汇总并通报同级信访部门。二是完善残疾人信访事项提速受理、精细办理机制，对残疾人信访事项，要第一时间登记、第一时间核实情况、第一时间落实责任。严格实行"四个不准"制度，即不准超时办理，不准"文牍化"运转，不准未做好思想工作简单结案，不准简单让属地接回上访人，确保"事心双解"。三是建立不稳定因素和苗头性信息预测、预警及研判机制。实行残联组织日常排查，信访部门定期协商，重要信息共同研判，风险因素快速联动，化解处置综合响应，敏感时期专班负责制度。探索形成较为完善的预测、预警、预防体系，深入研判汇总信息，提前制定落实预案，精准实行化解疏导和稳控措施，力争源头预防、标本兼治。四是健全残疾人信访事项满意度评价机制。对残疾人信访事项，全部纳入群众满意度评价体系，评价结果纳入信访考核。对评价不满意的事项，要逐案分析，精准施策，推进化解，及时向群众公开进展情况和处理结果，主动接受监督，对群众诉求高频问题、共性问题，要开展专项治理，举一反三，推动问题源头化解。五是建立残疾人信访事项化解回访巩固机制。信访事项办结后，残联组织要积极配合信访部门在责任单位出具《信访事项处理意见书》，采取有利于残疾人的方式对信访人当面回访。对处理意见尚未最终落实的，残联组织应会同信访部门跟踪督办，督促责任单位尽快落实到位。

3. 增添服务温度，畅通信访渠道，拓展依法信访的新途径。一是常态化做好残疾人意见建议征集。残联组织通过走访、调研等形式主动听取残疾人意见，依托教育、康复、托养、日间照护等机构，深入了解残疾人及其亲属关注的热点、难点问题，及时收集整理并与信访部门定期会商研判；利用全国助残日等重要时间节点，扩大对依法信访、信访帮办等的宣传力度，引导残疾人通过合法合理途径维护自身权益。信访部门调度相关资源，为残联组织提供最大限度的支持帮助。二是常态化提供贴心暖心服务。对涉及面广、残疾人反映强烈的突出问题，信访部门与残联组织可共同组建专班，深入分析成因，对症下药，综合施策，实行"终极"责任制。在接待残疾信访群众时，开设专门接待室，为其反映诉求提供便利。积极推动地方政府、司法机关、执法部门及社区矫正部门派出"暖心使者"，采用人性化方式，把贴心、暖心、融冰工作做到实处。三是常态化开展助残志愿服务。信访部门积极参与残疾人服务工作，广泛动员社会各界力量，共同为残疾人提供康复医疗、就业指导、维权咨询、托养照护等服务。联合开展法律宣讲、权益维护、心理调适等深层次、联谊性志愿服务。主动走进残疾人家庭，关注其真实生存状况，了解残疾人思想动态，体验残疾人切身感受，学习残疾人身残志坚、自强不息的拼搏精神，更加设身处地、怀着感情积极化解残疾人信访事项。

4. 压实工作责任，加强队伍建设，提升解决问题的新水平。一是加强组织领导，牢固树立"一盘棋"思想。成立由信访部门和残联组织主要领导为组长，有关方面共同参加的领导小组，进一步明确工作职责，压紧压实各方责任。二是建立联络员制度，增强工作力量。信访部门和残联组织分别确定一名专职联络员，负责残疾人信访事项处置的沟通联系工作，并根据实际情况全程跟进后续工作。三是建立会议协商制度，加强风险研判。定期召开领导小组专题会议，不定期召开联络员会议，及时通报决策事项进展情况，对残疾人信访工作总体态势进行分析研判，研究制定具有可操作、实效

性、能落地的工作措施，化解信访积案，预防新问题产生。四是建立督导督查制度，抓好执行落实。领导小组不定期开展联合督导检查，监督各方工作开展情况及联动会议确定的工作任务、议定事项等落实情况，持续巩固残疾人信访事项化解成效，推动社会和谐稳定。

参考文献：

李实如，2014，《新时期残疾人信访问题产生的原因及对策》，《企业导报》第 19 期。

Investigation Report on The Public Complaints Work of Disabled People in Dongying City of Shandong Province

Lu HuanHuan

Abstract：Chinese President Xi Jinping has repeatedly stressed that，people with disabilities are equal members of the human family，is a special group of difficulties，so we should pay special attention to them. The work of public complaints of the disabled is not only an important part of the mass work，but also is an important bridge and link between party committees and governments at all levels to help the disabled people. In recent years，Dongying government of Shandong province insists on being close to the disabled，listening to them，understanding them and helping them. By improving its organizational structure，widening channels for petitions，and innovating its working methods，the Dongying government has effectively safeguarded the legitimate rights and interests of persons with disabilities，and effectively promoted social harmony and stability. By taking the public complaints work for the disabled in Dongying as an example, the purpose of this paper is to analyze its characteristics, summarize its achievements and experiences, find the existing problems, and put forward more perfect opinions and suggestions, promote the work of petitions for the disabled in the new era, and contribute to the modernization of the national governance system and governance capacity.

Key Words: Disabled People, Public Complaints, Cause Analysis, Countermeasures and Suggestions

论坛与点评

王凯 杨丽 信访与党的社会工作的新形势新使命——中国信访与治理高层论坛（2023）会议综述

信访与党的社会工作的新形势新使命[*]

——中国信访与治理高层论坛（2023）会议综述

□ 王 凯 杨 丽[**]

摘要： 2023 年 5 月 19 日，中国信访与治理高层论坛在北京举行。本届论坛综合探讨新形势下信访与党的社会发展历程、特点以及新的使命，围绕信访制度与信访法治化建设、新时代"枫桥经验"、信访与社会矛盾源头预防、重复信访问题治理、数字赋能与社会治理创新等方面的理论研究、实践探索与未来发展进行论述。随着信访制度的发展完善，党对新时代社会工作的统筹加强，信访与党的社会工作在实践中不断丰富与发展，并持续推进社会治理体系的创新发展。

关键词： 信访 党的社会工作 信访法治化 新时代"枫桥经验"数字赋能与社会治理创新

党的二十大报告明确要求"在社会基层坚持和发展新时代'枫桥经验'，完善正确处理新形势下人民内部矛盾机制，加强和改进人民信访工作，畅通和规范群众诉求表达、利益协调、权益保障通道，完善网格化管理、精细化服务、信息化支撑的基层治理平台，健全城乡社区治理体系，及时把矛盾纠纷化解在基层、化解在萌芽状态"。2023 年 3 月，中共中

---

　*　基金项目：中国政法大学地方治理与危机管理研究中心"信访与治理"研究专项；北京市科学技术研究院财政项目"战略智库北京市互联网教育培训行业风险调查与治理创新研究"（编号：1320239936KF001－14）。

　**　王凯，中国政法大学地方治理与危机管理研究中心秘书长、北京市科学技术研究院创新发展战略研究所副研究员；杨丽，北京市科学技术研究院创新发展战略研究所助理研究员。

央、国务院印发《党和国家机构改革方案》，组建中央社会工作部，中央社会工作部统一领导国家信访局，国家信访局由国务院办公厅管理的国家局调整为国务院直属机构，凸显了新时期党和国家对信访和社会治理工作的高度重视。

为深入贯彻落实党的二十大精神，深入贯彻落实习近平总书记关于加强和改进人民信访工作的重要思想，结合中共中央、国务院 2023 年 3 月印发的《党和国家机构改革方案》有关信访和党的社会工作的改革要求，中国信访与治理高层论坛（2023）暨"新形势新使命：信访与党的社会工作"学术研讨会于 2023 年 5 月 19 日在北京举行。本届论坛由中国政法大学地方治理与危机管理研究中心主办，北京市科学技术研究院创新发展战略研究所、中国政法大学创业互助校友会、《信访与治理研究》刊物编辑部等承办。来自全国 10 多个省份信访机构的领导和全国 30 余所高校研究院所及相关机构的 120 余名专家学者参加本届论坛。论坛的与会专家学者结合当前国内外形势的深刻变化，就新时期信访工作与党的社会工作、《信访工作条例》与信访法治化建设、坚持和发展新时代"枫桥经验"、信访与社会矛盾源头预防、重复信访问题治理、数字赋能与社会治理创新等议题展开研讨，强调新形势下将信访工作与党的社会工作有机结合，积极推动信访与社会治理领域的理论创新和实践创新。现将与会领导、专家、学者的主题报告和论坛交流的主要观点综述如下，以飨读者。

一、新时期信访与党的社会工作

当今世界百年变局加速演进，国际格局发生深刻变化，我国正处于持续深化改革调整的关键时期。新形势下，加强信访与党的社会工作领域的探索与创新具有很强的时代意义与紧迫需求。中国政法大学地方治理与危机管理研究中心创始主任，《信访与治理研究》编委会主任李程伟教授认为新的历史时期对党的社会工作提出了新的要求：一是执政党政治向度上的社会工作创新需要立足中国式现代化的时空背景。执政党政治向度上的社会工作位处社会生活领域的基础部位，关涉人民诉求和利益表达、基层社会建设与治

理、人民群众权益维护和民生福祉，关涉"两新"组织、社会工作专业力量和志愿者、新就业群体等新产生的社会因子或结构性要素与党的联结等，需要立足推进中国式现代化的时空背景，探索执政党社会工作创新这一重要课题。二是执政党在长期执政条件下必须和变化着的社会环境保持有机联结和生态互动。改革开放对于我国社会结构所带来的最深层次的影响和变化，是全方位地塑造和生发了社会成员个体的利益主体地位及其生存发展方式。整体社会呈现出无数利益主体相互关联、建构、解构，博弈、竞争、冲突等景象。这是执政党政治向度上的社会工作所面临的最为基础的社会生态环境，其对党的社会工作创新所提出的要求和挑战是前所未有的。面对与社会利益分化相伴而来的诸多弱势群体问题，信访工作需要增强统筹性、开放性和可及性，真正打造成为人民权益保护的"兜底"机制和"良心"工程。党在基层社会建设和治理以及其他社会服务与管理等方面，同样需要根据变化着的社会环境进行领导方式和工作机制的创新。三是执政党在社会生活领域的实践逻辑是在群众之中领导群众、在群众的实践之中领导实践。这是执政党的社会工作无论在宏观层面，如价值打造、制度设计、战略规划、方向引领等，还是在微观层面，如个体化发展、基层赋能，党员对社会工作的参与和催化（模范带头等），矛盾化解中的对话、沟通和商谈等，都应当遵循的实践逻辑。当前，党所面临的社会生活是深刻转型和复杂变化的；遵循这一实践逻辑的可预计效应是，执政党和人民群众共享的是一个话语体系，党的工作创新和人民群众的实践创造是融贯一体的。

全国政协委员、中共中央党校（国家行政学院）应急管理培训中心（中欧应急管理学院）主任马宝成教授认为，2023年3月中共中央、国务院于印发了《党和国家机构改革方案》，提出组建中央社会工作部，其核心是加强党在社会领域的引领，重塑党的社会治理格局，重塑党和社会的关系。2023年党和国家机构改革是2018年党政机构改革实践探索基础上的优化和完善，最新的机构改革方案系统整合了社会治理工作分散在各个部门的职能，通过建立跨部门的组织机构，有利于避免政府组织内部机构的各自为政的现象，从而破除部门利益，形成整合力量。马宝成教授分析，中央社会工作部"统筹指导人民信访工作，指导人民建议征集工作"的职责将进一步推动信访工作的高水平开展，有利于征集民众建议，更有效地汇聚民意民情民智，为党政部门优化决策和增强政策执行力提供参考。随着中央社会工作部统筹指导信访工作，今后信访工作思路、工作方式、在基层开展等方面将走向更加规范健康的发展轨道。

中国政法大学副校长、中国行政管理学会副会长常保国教授指出，信访制度是我国国家治理体系的重要组成，是具有中国特色的制度安排。从新中国成立至今，信访制度在反映社情民意、化解社会矛盾，推动公共参与和强化权力监督等方面功不可没，信访制度是能够解决中国治理问题的有效制度安排。原中央维稳办副主任，中国社会法学研究会副会长夏诚华教授指出，信访工作是密切党和政府与广大群众联系的桥梁和纽带，是党和政府做群众工作的重要窗口和阵地。党和政府历来高度重视信访工作，新中国成立以来，中央层面和各地方机构设置多有调整，但是信访部门从未有动摇。尤其是党的二十大之后，更是将信访工作作为党的社会工作的重要组成部分，在国家机构的设置中得以进一步彰显。

中山大学政治与公共事务管理学院王清教授基于北京、上海、广州及成都等地社会工作领域治理体制的实践探索与运行特点指出，在中央社会工作部的指导下，地方社会工作领域职能部门的整体性与协同性将进一步增强。北京工业大学北京社会建设研究院执行院长李君甫教授认为，社会工作部的成立有其深层的历史逻辑和时代背景：一方面社会结构发生较大变化。城乡结构深刻转型，社会阶层结构、社会利益群体持续分化；另一方面群众权利意识不断提高，对美好生活的需求不断地增长，对公平正义的追求逐步增加，这些均对社会工作提出了新的要求。从国家总体战略看，由"三位一体""四位一体"发展到"五位一体"建设布局中，社会建设已逐步上升为重要的基础条件。李君甫教授认为，中央社会工作部的职能立足于联系群众、服务群众，不仅要解决具体的问题，还要协调各种关系，不断强化基层治理，这些均属于广义社会工作的范畴。近年来，党和国家对专业社会工作

参与社会治理需求逐步增加，地方的多元实践探索为社会工作部的成立及其工作的深入开展提供了重要借鉴。北京市协作者社会工作发展中心李涛主任梳理了社会工作专业在新中国的发展历程，并结合长期从事专业社会工作的实践经历，总结新形势下社会各界对于社会工作日益达成的共识：一是更加重视社会组织在社会工作中的重要作用，不应把社会组织看成是社会工作体系中可有可无的补充；二是更加重视社会参与在社会治理中的重要作用，社会治理需要协商共治，协商共治需要多方参与；三是社会治理的复杂性呼唤新时期社会工作的持续创新发展。

二、《信访工作条例》与信访法治化建设

2022年，中共中央、国务院通过了新的《信访工作条例》，《信访工作条例》总结了我党长期以来领导和开展信访工作的丰富经验，特别是党的十八大以来信访工作改革成果，为加强和改进新时代信访工作提供了有力制度保障。中国行政法学会副会长，西北政法大学地方政府法治研究中心主任王周户教授认为，在法治轨道上全面推进社会主义现代化的进程中，信访法治化是中国特色法治建设的一个样板，一个范式。

中国政法大学政治与公共管理学院教授，《信访与治理研究》刊物主编翟校义认为2022年《信访工作条例》的出台具有四大新看点：一是探索了中国特色社会主义法治政治性立法的新思路。《信访工作条例》开创了将政治性要求纳入法治化轨道的新思路，创造性地将党的以人民为中心的发展思想、群众工作、了解社情民意等政治要求，与完善信访工作责任体系、用好信访工作制度改革成果结合在一起。二是标志中国信访在法治规范上进入党政融合新时代。《信访工作条例》把党的领导，信访的政治属性、人民属性、群众属性与政府工作结合在一起，使中国信访在法治规范上进入党政融合的新时代。三是推动中国信访工作法治的统一性。《信访工作条例》创造性地通过党内法规与规范性文件相结合的方式，使信访工作在党内党外、党政机关及国家各系统获得信访法治的统一性；使党规党纪国法叠加在信访工作领域，将信访是执政者为社会矛盾负总责的内在机理与中

国共产党的先进性结合起来，在为人民服务上统一起来。四是信访办理的公共政策模式正式起航。《信访工作条例》对信访办理的要求从原来的"依法及时就地解决"，转变成"依法按政策及时就地"，这一转变意味着在信访办理过程中，以往的"一事一议"将逐渐淡出历史舞台，对于信访事项的办理不能突破法律政策的规定，若某一信访案件的办理，现有的法律政策无法解决，就需要制定政策或修订政策。中国信访办理的公共政策模式是信访法治化的一个重要成果，对人民群众而言也是信访法治统一性的重要体现。

山西大学政治与公共管理学院教授、山西信访与社会治理研究院负责人廉如鉴梳理了原《信访条例》发展过程，回顾1995年和2005年两次颁布的《信访条例》，并将其和新的《信访工作条例》进行对比，三个条例在内容上层层递进，展现了党和国家对信访工作性质的认识在不断深化。1995年《信访条例》适应了法制化建设的要求，确立并规范了信访工作的具体流程，奠定了随后20多年信访工作管理的基础，但也存在仅把信访工作限定在了行政系统和没有要求设立专门信访工作机构等不足。2005年的《信访条例》通过联席会议制度增强了信访工作机构的协调能力，建立了信访工作责任制，并给予信访部门对工作不力的情况实施问责的权力。这些措施有力遏制了信访总量不断上升的局面，推动了信访工作的好转，但仍未彻底阐明信访工作的性质，体制机制关系仍未畅通。2022年，中共中央和国务院联合发布《信访工作条例》，《信访工作条例》属于党内法规序列，但具有行政法规的功能和属性。它全面总结了党的十八大以来信访工作的改革经验，针对2005年《信访条例》遗留的问题作出了重大修订，为新时期信访工作提供了全面的政策指导和制度支持。新颁布的《信访工作条例》突出了信访工作的政治属性，将其作为新时期的一项重要政治工作来设计，并按照这一属性建立相应的组织架构，强化相关部门权力，加强干部队伍建设，强调主动作为，重视实施矛盾前端化解，进一步优化完善信访工作流程。

对于2022年《信访工作条例》的解读，需要关注信访制度作为我国国

家治理体系的重要组成，不仅是化解社会矛盾的渠道，还是我国全过程人民民主的重要实现形式。中国政法大学政治与公共管理学院教授王丽莉认为信访制度包含了深刻的全过程人民民主逻辑，是践行全过程人民民主一个很好的制度安排。在现行的信访工作体系中，人民建议征集是其不可或缺的重要组成部分。《信访工作条例》第 29 条明确要求"各级党委和政府应当健全人民建议征集制度，对涉及国计民生的重要工作，主动听取群众的建议意见"。在这一制度设计的背景下，各级党委政府需要进一步改革完善人民建议征集工作机制，为人民群众有序的政治参与和全过程人民民主提供方便和有效的路径和渠道。

三、新时代"枫桥经验"与社会矛盾源头预防治理

2023 年是毛泽东同志批示学习推广"枫桥经验"60 周年，是习近平总书记指示坚持和发展"枫桥经验"20 周年。"枫桥经验"是我国基层社会治理的一面旗帜，这一宝贵经验在传承中发展、在发展中创新，形成特色鲜明、内涵丰富的新时代"枫桥经验"，成为展示"中国之治"的金名片。天津市信访办研究室（法规处）副处长何俊文回顾了"枫桥经验"发展历程。20 世纪 60 年代初，浙江诸暨枫桥干部群众创造了"依靠群众就地化解矛盾"的"枫桥经验"，主要做法是发动和依靠群众，确保"小事不出村，大事不出镇，矛盾不上交，就地化解"。60 年来，"枫桥经验"的基本内涵与核心要义不断发展，形成了具有鲜明时代特色的工作典范。何俊文副处长认为新时代"枫桥经验"在开展社会治理中体现了"五个坚持"，一是坚持党建引领，确保基层社会治理的正确方向；二是坚持人民主体，坚决贯彻党的群众路线不动摇；三是坚持自治、法治、德治"三治"融合，积极创新基层社会治理主路径；四是坚持人防、物防、技防、心防"四防"并举，努力提升治理成效提升加速度；五是坚持共建共享，不断优化基层社会治理新格局。

新的历史时期，"枫桥经验"一直保持旺盛的生机和活力，新时代"枫桥经验"的实践创新不断涌现。浙江省绍兴市越城区政法委书记应尧刚介绍

浙江绍兴市越城区创新深化契约共建、党建引领，提升基层治理能力的探索做法：一是构建区委、镇街党（工）委，村社党组织、小区党支部四级联动的共建体系；二是完善区、镇街、村社三级矛盾中心人员整合、流转交派机制，实现上下贯通协调联动；三是精准施策靶向发力，推动积案化解和历史遗留问题化解；四是数字赋能整体智治，推动重大决策社会风险应评尽评，重视发挥大数据平台的作用，提升基层治理能力。湖南省洞口县委常委、政法委书记袁愈绍介绍了湖南省洞口县的"五级积分联责"的治理经验，即以积分换项目为抓手，将积分制管理覆盖到县、乡、村、组、户五级，通过经费和项目资金奖励，激发干群潜力，推动建设共建共治共享的基层社会治理新格局。重庆市石柱土家族自治县公安局二级高级警长刘哲先介绍重庆石柱土家族自治县的"贵和工作法"探索经验，该工作法将大数据、智能化和"枫桥经验"融合，建立"贵和工作室"，研发平安乡村智慧农家系统，打造一站式的化解工作室、数字平台和责任体系。"贵和工作法"的核心要义是坚持党建统领，坚持以人民为中心，立足治理有效，坚持以和为贵的理念，从解决群众急、难、愁、盼问题出发，把信访矛盾和解在事前、和解在讼前、和解在当地、和解在基层、和解在萌芽、和解在源头、和解在心里。

北京市社会科学院智库处处长兼法学所所长张真理研究员关注中国大城市社会矛盾纠纷的发展态势及治理路径。其研究认为，我国大城市社会矛盾纠纷数量上升，结构上出现明显变化，治理上表现出功能错位。为了应对当前形势，应当遵循中央对社会矛盾纠纷治理的顶层设计，逐步实现社会矛盾纠纷的源头化解与系统化解，推动我国社会矛盾纠纷治理的现代化。在大城市社会矛盾纠纷治理中，信访工作创新发展表现出了枢纽组织模式和专业部门模式两种趋势：趋势之一，枢纽组织模式，即信访部门成为处理大城市社会矛盾纠纷的枢纽型组织，在诉源治理的改革中起到规划、推动、调配等作用。这种发展方向的基本逻辑是以诉源治理为核心应对大城市社会矛盾纠纷整体态势，客观上需要大幅度提升社会矛盾纠纷治理的整合度。趋势之二，专业组织模式，即信访部门专注于本渠道发现或者其他渠道转交的社会矛盾

纠纷的预防调处与化解，着力提升专业化处置能力。在已经建立了一套提升社会矛盾纠纷治理整合度机制的情况下，信访部门立足职能定位、充分挖掘自身的优势，主要致力于具体矛盾纠纷的预防调处和化解，就会呈现出向更加专业化方向发展的趋势。

针对信访问题源头治理的理论与实践创新，贵州省信访局原政策研究室主任朱华琪提出，面对信访工作制度改革需求、信访问题层出不穷以及信访问题久而不决的现实问题，有必要建立依托联席会议制度的信访工作"参谋指挥部"，在实体化运作中把网信、公安等主要系统问题突出的单位聚集起来，共同研究，共同发力，共同推动。山东社会科学院助理研究员、中国社会科学院博士祝晓书认为独立客观专业的第三方力量介入（如法律顾问、社会工作者、人民调解员、心理咨询师、社会团体与组织、乡村贤达等）是参与化解信访问题的重要补充手段，有助于完善矛盾纠纷多元化解机制，推动矛盾纠纷化解的法治化与专业化。南京市信访工作专家智囊协会副秘书长王世清也认为第三方介入在信访问题源头治理中，可发挥完善信访制度、化解现实矛盾、开展心理疏导和法律教育等功能与作用。

四、重复信访问题的演化与治理

重复信访是信访治理的难点。对于重复信访问题演化的特点及内在机理，山西大学政治与公共管理学院教授李蓉蓉认为重复信访具有复杂性、迭代性和高治理成本的特点，这一系列特点决定了其生成机理并非仅为多因素互动导致的，更有可能是多因素交互并演进的结果，将信访部门、制度、上访人及其心理活动等多因素的互动看成是不断发展的过程，更为直接形象地反映出了重复信访的互动状态，即上访人依赖心理、维权与谋利动机和情知失序等心理积习，与信访制度的维稳吸纳、功能交织等不断卷入、相互绞合、彼此振荡的产物，整个交互过程经历了从启动、扩容到迭代、升级的盘旋上升过程，最终生成"信访螺旋"，演化为重复信访问题。山西省信访局副局长周方志认为，实践工作中存在信访人的合理诉求和不合法行为交织等情况，这使得重复信访问题解决难度进一步加大。

针对重复信访问题的治理，清华大学中国社会风险评估研究中心副主任曹峰提出"认知—能力—协同"三个维度的治理模型：第一方面，对疑难信访问题的治理，需要对信访问题有准确的认知，具体涉及疑难信访问题特征、成因和演化过程等。第二个方面是提升信访工作人员素质能力。首先，对于信访系统人员的整体素质水平，需要进行一个全面的普查和研究。其次，应深入研究把握对于信访工作人员的素质能力究竟有什么样的要求，特别是在新形势下提高解决重复信访问题对信访工作人员能力提出了什么样的要求。第三方面，部门协同是解决疑难信访问题的关键。新颁布的《信访工作条例》里特别提出来了联席会议制度，这是推进部门协调的一个非常重要的机制设置。

五、数字赋能与社会治理创新

数字化时代，人工智能、大数据、云计算、区块链等赋能公共治理的数字新技术，在国家治理现代化的进程中已成为必不可少的手段。北京航空航天大学公共管理学院副教授涂晓芳指出，以数字技术赋能城市治理韧性的研究中，应关注其内在机理、运行状态及运营前景等。分析数字技术赋能城市韧性治理的内在机理，涉及三个基本问题：为何赋能（目的与动力）、赋何者之能（主体）以及所赋何能（内容）。首先，数字技术赋能的目的是城市安全，它源于城市韧性治理需求与能力的矛盾；其次，技术赋能的主体是以政府部门为核心的技术使用者；最后，技术赋能的内容是以技术手段提升城市韧性治理各子系统的能力。案例研究发现，数字技术增强了政府网络联结性、市场鲁棒性、社会冗余性和公民适应性。数字平台通过全面技术驱动、整体流程再造、全域系统覆盖支撑城市韧性治理，推进城市治理体系和治理能力现代化。

伴随政府人工智能算法应用在社会治理领域的深度运用，算法正义、算法人民性的重要性越发凸显，深圳大学政府管理学院副教授、深圳大学粤港澳大湾区新兴产业发展研究院副院长吴进进从终端视角切入，关注社会治理领域的政府算法应用接受度的影响因素。他表示，政府算法的公众接受程度

受多元因素的影响：一是算法绩效—性能。人工智能算法能否提升效率、能否有效地提供公共治理的方案，能否比专家决策便利，这些方面公众如果有感知的话，会提高其对政府算法的接受度。二是算法的过程—程序。政府算法过程的公正性、回应性、问责性、公开性及可解释性，都影响公众对于政府算法的接受程度。在运行过程中，政府人工智能算法的公众参与程度越高，其合法性也将越强。三是算法的应用情景。公民对算法决策的态度也取决于他们对算法背景特征、应用领域、实现的目标以及谁使用算法的态度。算法如过度复杂，需要很大的自由裁量权，公众可能更不愿意接受。四是个体影响因素。个人的观念、价值观很重要，公众信任政府部门，对其算法就更容易接受。此外，还有一些资源因素，如个人的种族、受教育程度和社会身份，也对算法的接受程度产生影响。关注政府算法应用接受度的影响因素的影响因子，提高民众对算法的接受程度，有利于有效发挥算法对政府治理的赋能效应，强化政民良性互动和互信。

在大数据、人工智能技术蓬勃发展的背景下，推动我国社会风险治理体系的创新发展，在信访工作领域亟需建立"智慧信访"系统，运用机器学习、人工智能等分析技术，对信访大数据进行深度分析，建立量化评估社会风险的科学指标体系，实现对社会风险的量化评估和监控。清华大学公共管理学院校友会理事、杭州之江智慧场景研究中心主任陶海青探讨"智慧信访"平台的整体思路和设计，"智慧信访"平台整体架构包括设施层、支撑层、应用层以及展现层，积极使用大数据、人工智能技术对信访事项进行分析，准确呈现事件脉络，并对信访人群进行准确画像，基于分析预测模型，进行"深度挖掘"与"态势感知"，掌握信访形势发展动态，对信访未来发展趋势做出预判，推动信访问题化解在萌芽状态。"智慧信访"系统可将信访数据转化为多层次、多维度的信息，揭示数据背后的逻辑关联，实现对社会风险形势的实时监测，随时掌握社会风险的动态，追踪极端事件的苗头，实现未雨绸缪，推动社会风险的精准化解。"智慧信访"时代的开启，将形成积极应对、精准分配资源的信访工作新模式，助力我国社会风险治理体系的创新发展。

The New Situation and New Mission of Petitions and the CPC's Social Work —— Overview of China Public Complaints and Governance High – level Forum（2023）

Wang Kai   Yang Li

Abstract：On May19, 2023, China Public Complaints and Governance High – level Forum was held in Beijing. The Forum focused on the processes, characteristics and new missionsof the CPC's social development under the new situation. The Forum discussed on several topics, such as the rule of law construction of public complaints systems in china, the Fengqiao Experience in the new era, the prevention of public complaints, the management of repeated public complains, digital governance and innovation of social governance. With the improvement of the public complaints system, the CPC has strengthened the overall coordination of the social work strategy in the new era, and constantly promote the improvement and innovation of the social governance system.

Key Words：Public Complaints, CPC's Social Work, the Rule of Law of the Public Complaints System, the Fengqiao Experience in the New Era, Digital Governance and Innovation of Social Governance

学术前沿

曹峰 王成 新时代我国国家安全态势评估方法研究

张振华 高杨 马克思主义群众观视域下的社会治理共同体建构探究

新时代我国国家安全态势评估方法研究[*]

新时代我国国家安全态势评估方法研究 [*]

□ 曹　峰　王　成[**]

摘要： 国家安全是威胁、暴露程度、脆弱性等要素所决定的客观状态，必须与基于现有风险程度和可接受风险程度的比较所形成的主观评价相结合。安全威胁无处不在，国家安全不是没有危险或者不受威胁，而是在面临威胁的情况下，国家通过识别威胁、减少暴露、降低自身脆弱性等途径来降低风险程度直至能够接受的区间，达到风险与安全相平衡的状态。评估新时代我国国家安全态势，可以从时间、空间、因素三个维度建立多维的风险评估矩阵，将评估得出的风险值与国家风险可接受程度进行比较权衡，最终围绕成本和风险敞口展开对国家安全的管理。

关键词： 国家安全　威胁　暴露　脆弱性　风险矩阵

《周易·系辞下》中写道，"君子安而不忘危，存而不忘亡，治而不忘乱，是以身安而国家可保也"。国家安全是人民幸福生活、安居乐业的头等大事，是中国实现"两个一百年"奋斗目标和中华民族伟大复兴中国梦的基础和保障。新中国成立七十多年来，中国正在由大变强，取得历史性伟大成就的同时，我国也面临着安全领域的重大挑战，国内与国际安全形势深刻

---

　　* 本文系科技创新2030——"新一代人工智能"重大项目《人工智能综合影响社会实验研究》的课题《人工智能赋能国家治理现代化社会实验研究》（课题编号：2020AAA0105402）的阶段性研究成果。

　　** 作者简介：曹峰，清华大学中国社会风险评估研究中心副主任，清华大学应急管理研究基地副主任，中国应急管理学会智慧应急工作委员会秘书长；

　　王成，北京航空航天大学马克思主义学院研究生。

变革，安全领域新问题层出不穷，我国国家安全也随之呈现出新的发展趋势。在新时代的背景下维护我国国家安全、把握我国国家安全的新态势、区分我国国家安全的不同类型、归纳我国国家安全问题的成因、建立我国国家安全的评估方法和探寻我国国家安全的治理路径就显得尤为必要。

一、国家安全定义

近年来，"呼吁拓展安全外延、建构'新安全观'的主张成为我国学术界的热门话题，同时也使'国家安全'具有了无限扩张，使之成为无处不在、无所不包的超级大问题的危险。如果最终结果是这样的话，将无法划分国家安全概念与其他概念的界限，也就无法开展对国家安全问题的任何有意义的研究"（何贻纶，2004）。因此，许多学者都认为，研究国家安全，就必须从回答什么是"国家安全"这一最基本的概念开始。

对于"国家安全"如何定义，一直以来学界都有着不同的论述与争论。近三十年关于"国家安全"及相关领域的讨论逐渐增多，近十年达到更深的研究程度，"冷战"和改革开放无疑对中国学术界研究国家安全相关问题起到了促进作用，但大多数学者对该概念的辨析只是一笔带过，没有深刻的讨论。2014 年以后，随着习近平总体国家安全观的提出，学界对国家安全话语体系的重视程度提升到了历史最高。有学者溯源"国家安全"一词的产生历程，发现早在 1934 年 7 月该称呼就明确出现在苏联的政府机构"国家安全总局"中（刘跃进，2019）。1943 年，美国国际问题专家李普曼提出了"National Security"一词，他因此被学界公认为首次提出"国家安全"概念的学者，李普曼对国家安全的定义奠定了领土完整、主权独立、有能力保护本国公民以及政治自主等国家安全概念的核心维度。何贻纶指出，国家安全就是指国家没有危险，不受威胁，是"由客观存在的生存状态和利益关系与反映这种客观存在的主观感受的有机统一所形成的结构，是国家间、国家与国际社会为谋求自身生存、免受威胁而形成的互动关系，其本质是国家生存利益的调试"（何贻纶，2004）。类似的是，高宏强根据国家理论和安全理论指出，"国家安全就是一个国家处于没有危险的客观状态，也就是国家

既没有外部的威胁和侵害又没有内部的混乱和疾患的客观状态"（高宏强，2017）。显然，"没有危险"或"没有外部的威胁和侵害又没有内部的混乱和疾患"只能存在于理想的设定之中，现实国家运行中不可能出现这种绝对化的场景。李文良从管理视角来看，认为这种某一主体"没有危险、不受威胁"的状态只是单方面的安全，只能称作"半安全"或"准安全"，必须要加上该主体"免除危险、威胁"的能力，即当出现危险或威胁的状态时，主体可以运用自己免除危险、威胁的能力来维持自身的安全，从而达到安全的状态。因此，他将国家安全界定为状态和能力的结合，即"一个国家免受各种干扰、侵蚀、威胁和颠覆的状态和能力"（李文良，2019）。

根据《中华人民共和国国家安全法》的阐释，国家安全是指国家政权、主权、统一和领土完整、人民福祉、经济社会可持续发展和国家其他重大利益相对处于没有危险和不受内外威胁的状态，以及保障持续安全状态的能力。这种定义主要强调国家安全是国家处于不受威胁的状态，但从常识上来看，一个国家不可能消灭所有威胁，对一个国家的威胁始终存在，不可能没有威胁，客观世界中的威胁就像细菌一样总是存在，不会凭空消失，安全作为主体的一种客观状态，并不意味着没有危险或者不受威胁。同理，国家处于安全状态，并不意味着该国家没有受到任何威胁，而是说明，在面临危险和威胁的情况下，该国家通过自身抵御、减少暴露等途径来降低风险程度直至能够接受的区间，达到了风险与安全相平衡的均衡状态。因此，笔者认为，国家安全是威胁、暴露程度、脆弱性决定的客观状态，以及基于现有风险程度和可接受的风险程度比较的主观评价。

二、国家安全评估体系

如前所述，安全与否可以从客观和主观两个维度来认识，它是威胁、暴露程度、脆弱性等要素所决定的风险的客观状态，也是基于现有风险程度和可接受风险程度进行比较得出的主观评价。

第一，威胁。威胁是可对有价值的主体造成损害的因素。威胁具有客观性、时间和空间维度上的概率性、主观性、指向性、信息不对称性、隐蔽性。

第二，暴露。暴露是承受威胁的主体进入威胁的作用范围，暴露是风险源和风险承载体发生关系的重要环节。

第三，脆弱性。脆弱性即风险承载体抵抗威胁的能力。脆弱性也可称为敏感性，包含抗干扰力和恢复能力两个部分。

根据以上三个维度，可以得出三个重要命题

第一个命题，有威胁不等于有风险。客观风险是由威胁、暴露程度、脆弱性决定的。其中威胁是指产生危险的因素，它可以使有价值的主体遭受损失。威胁具有客观性、主观性、指向性、不确定性和隐蔽性。暴露是指承受危险的主体进入威胁的作用范围，它是联系主体和威胁的关键因素。脆弱性是衡量主体抵抗威胁能力的指标。主体的"脆弱性"评估通过两个角度衡量：一是抵抗干扰的能力，通常也被称为敏感性，用来描述体系中某个部分的变化会多大程度地导致其他部分也发生变化。二是修复力，即主体遭遇威胁侵袭之后，自我修整使自身恢复原样的能力，这是一种稳定和平衡的自我调节机制。风险是威胁、暴露和脆弱性共同作用的结果，仅具有其中一个或两个要素不产生安全风险。比如，有威胁，但是可能受威胁影响的主体不暴露于威胁的作用范围，或者其抵抗威胁的脆弱性很低，主体并不面临风险。因此不能认为有威胁就有风险。

第二个命题，有风险不等于不安全。有安全风险是否就不安全，这个问题涉及了安全评价的主观性。当风险在可接受范围之内时，人们仍认为是安全的；如果安全风险超过了可接受范围，人们会认为不安全。因此，可以认为"有风险不等于不安全"。在现实过程中，即使客观的风险很高，但只要主观可接受的风险程度也比较高，仍可以认为是安全的。反之，如果客观的风险很低，但主观可接受的风险程度更低，可能仍认为是不安全的。

第三个命题，绝对的安全等于绝对高的成本。需要注意的是，不同的风险可接受程度对安全风险治理将产生巨大影响。对安全风险的治理本质上也是一种基于成本—收益的管理，即将安全风险降低一个百分点，需要考虑投入增加的比例。因此要提高安全程度必须增加成本，绝对的安全等于绝对高的成本。

综合以上分析，重大国家安全事件风险评估体系见图1，其基本流程如下：

第一，确定评估主体的价值，只有那些高价值领域的风险才值得去评估；第二，确定主体面临的威胁种类及每种威胁在时空的分布情况；第三，确定主体针对在时空分布的每一种威胁的暴露情况；第四，确定主体针对在时空分布的每一种威胁的脆弱性情况；第五，根据主体面对的威胁种类、对该种威胁的暴露情况，以及对该种威胁的脆弱性情况，计算每种威胁在不同时空给主体带来的风险，进而整合计算所有威胁在不同时空给主体带来的总体风险；第六，确定主体在不同时空下对每种威胁带来的风险的主观接受程度；第七，在每个时空下，比较其客观风险程度和主观可接受的风险程度，从而确定其在某个时空的安全程度；第八，如果认为在某个时空条件下不安全，在主观可接受的风险程度不变的情况下，投入成本削减威胁、减少暴露和降低脆弱性，从而提高安全的程度。

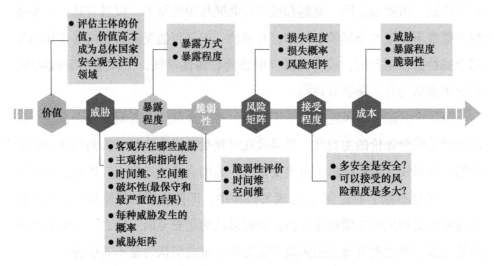

图1　国家安全事件风险评估体系

三、威胁分析

1. 威胁的定义

从国家安全的角度，威胁有两类含义：首先，威胁"是一种主动的积极行动，是指为实现本国目标，发表声明或者采取行动，对他国发出威胁，要对其施加制裁，使其'遭受惩罚、伤害、死亡，或者至少要遭受损失'"；其次，威胁是一种感受，指的是缘于以往的经历、内在的价值取向和不同的利益需求所感受到的威胁，是对即将遭受损害的预料。具体而言，在生物安全领域，威胁既可以指外界主动施加的，如来自某国生物武器威胁；也可以是客观存在而被感知到的，如传染病的威胁等。

2. 威胁的特性

威胁具有客观性，是一种客观的存在，不以人的意志为转移，威胁的主体和客体是确定的，那么威胁也是确定的。

威胁具有主观性，这种主观性体现在实施和感知两种维度。威胁在实施上具有主观性，即施加威胁者可以根据自己的主观倾向选择威胁对象。威胁在感知上具有主观性，即威胁承受主体感觉受到威胁。

威胁具有不确定性，许多威胁都是潜在的、间接的，且无法预知其发展态势和路径，在时间维度和空间维度的分布状态不能被提前确知，发生概率从 0 到 1 不断变化。

3. 威胁的识别与应对

首先，在对威胁源进行深入分析前，要了解和识别到底有哪些威胁。对于某个安全领域，在特定的空间和时间内，识别有哪些威胁因素，比如，在生物安全领域，有重大新发突发传染病、动植物疫情、病原微生物与实验室生物、外来物种入侵、防范生物恐怖袭击与防御生物武器威胁等。需要注意的是，由于时间和空间的各种限制，存在着尚不能识别的威胁。其次，要评估威胁态势。在对安全威胁态势进行评估的过程中，主要对安全的概率和危害程度进行评估。再次，在具体执行领域，需要建立统一的威胁评估标准。

4. 威胁矩阵

根据某个威胁的破坏力和发生概率，可以形成类似表 1 的威胁矩阵。其中，横坐标为某个威胁的发生概率，纵坐标代表该威胁的破坏力大小。左下角代表该威胁几乎不可能发生且发生后破坏力极小，右上角意味着该威胁发

生可能性很大并且一旦发生破坏性非常严重（见表1）。

表1　威胁因素矩阵

很高	一般威胁	一般威胁	严重威胁	严重威胁	极严重威胁
较高	较小威胁	一般威胁	一般威胁	严重威胁	严重威胁
中等	较小威胁	一般威胁	一般威胁	一般威胁	严重威胁
较低	较小威胁	较小威胁	一般威胁	一般威胁	一般威胁
很低	微小威胁	较小威胁	较小威胁	较小威胁	一般威胁
破坏力＼可能性	很低	较低	中等	较大	很大

根据威胁矩阵，就可以将本研究识别出的威胁按照其破坏力和发生可能性置于该矩阵中，划分出该威胁的种类，从而进行风险管理。同时，上文提到，由于对威胁的识别能力有限，存在着尚不能识别的与尚不存在的威胁。所以在该矩阵的使用中，要特别注意，许多威胁我们并不知道它的概率分布情况，也不知道它的破坏力有多强，或者它的动态变化是什么，这就要求计算机模拟体系的不断完善、科学技术的不断进步、国家安全认知的不断提升等。

5. 威胁的时空分布

威胁分析的最重要环节为威胁评估，在得到威胁矩阵后，就可以进行威胁程度的评价。显而易见，威胁程度 = 破坏力 × 发生概率，通过这个公式，我们就可以评估某个威胁的性质，从而制定相应的风险管理措施。

威胁有着时空分布，不同时间的威胁严重性和发生可能性不同，不同空间的威胁严重性和发生可能性也不同，不同威胁因素所造成的威胁也不同。不同时间和空间，同一种威胁的威胁程度不同。

假设有 i 种威胁，m 个空间点，n 个时间点。

第1种威胁，在空间 s_1 和时间 t_1 的威胁程度为 $x_{1s_1t_1}$，在空间 s_m 和时间 t_1 的威胁程度为 $x_{1s_mt_1}$，在空间 s_1 和时间 t_n 的威胁程度为 $x_{1s_1t_n}$，在空间 s_m 和时间 t_n 的威胁程度为 $x_{1s_mt_n}$。因此，第1种威胁，在不同时间 t_n 和空间 s_m 的威胁程度的分布矩阵为：

$$X_1 = \begin{pmatrix} x_{1s_1t_1} & x_{1s_1t_2} & \cdots & x_{1s_1t_n} \\ x_{1s_2t_1} & x_{1s_2t_2} & \cdots & x_{1s_2t_n} \\ \vdots & \vdots & & \vdots \\ x_{1s_mt_1} & x_{1s_mt_2} & \cdots & x_{1s_mt_n} \end{pmatrix}$$

同理，假设共有 i 种威胁，则第 i 种威胁，在不同空间 s_m 和时间 t_n 的威胁程度的分布矩阵为：

$$X_i = \begin{pmatrix} x_{is_1t_1} & x_{is_1t_2} & \cdots & x_{is_1t_n} \\ x_{is_2t_1} & x_{is_2t_2} & \cdots & x_{is_2t_n} \\ \vdots & \vdots & & \vdots \\ x_{is_mt_1} & x_{is_mt_2} & \cdots & x_{is_mt_n} \end{pmatrix}$$

其中 S = $\{s_1, s_2, \cdots, s_m\}$，T = $\{t_1, t_2, \cdots, t_n\}$

四、暴露分析

1. 暴露的定义

暴露，在词典里的释义是，隐蔽的事物、缺陷、矛盾、问题等显露出来，它指的是一个东西露在外面无所遮蔽的状态。目前学界对"暴露"研究领域主要集中在化学、生物、医药、环境、动植物、物理等领域。在国家安全领域，暴露具体指主体位于威胁的作用范围之内，如果不暴露在威胁的作用范围之内，即使有威胁，也没有风险。

2. 暴露系数的时空分布

暴露具有客观性，只要主体处于威胁的作用范围之内，就会产生暴露。暴露也具有主观性，即主体可以自己选择是否进入威胁的作用范围内。暴露是联结威胁和威胁承受主体的关键，这两者发生联系也存在概率分布。

同样假设有 i 种威胁，m 个空间点，n 个时间点。

主体针对第 1 种威胁，在空间 s_1 和时间 t_1 的暴露系数为在 $y_{1s_1t_1}$，在空间 s_m 和时间 t_1 的威胁程度为 $y_{1s_mt_1}$，在空间 s_1 和时间 t_n 的暴露系数为 $y_{1s_1t_n}$，在空

间 s_m 和时间 t_n 的暴露系数为 $y_{1s_mt_n}$。因此，第 1 种威胁，在不同时间 t_n 和空间 s_m 的暴露系数的分布矩阵 Y_1 为：

$$Y_1 = \begin{pmatrix} y_{1s_1t_1} & y_{1s_1t_2} & \cdots & y_{1s_1t_n} \\ y_{1s_2t_1} & y_{1s_2t_2} & \cdots & y_{1s_2t_n} \\ \vdots & \vdots & & \vdots \\ y_{1s_mt_1} & y_{1s_mt_2} & \cdots & y_{1s_mt_n} \end{pmatrix}$$

同理，主体针对第 i 种威胁，在不同时间 t_n 和空间 s_m 的暴露系数的分布矩阵 Y_i 为：

$$Y_i = \begin{pmatrix} y_{is_1t_1} & y_{is_1t_2} & \cdots & y_{is_1t_n} \\ y_{is_2t_1} & y_{is_2t_2} & \cdots & y_{is_2t_n} \\ \vdots & \vdots & & \vdots \\ y_{is_mt_1} & y_{is_mt_2} & \cdots & y_{is_mt_n} \end{pmatrix}$$

其中 $S = \{s_1, s_2, \cdots, s_m\}$，$T = \{t_1, t_2, \cdots, t_n\}$

五、脆弱性分析

1. 脆弱性的定义

脆弱性（Vulnerability），又称弱点或漏洞，脆弱性一旦被威胁成功利用就会对安全造成损害。《反脆弱：从不确定性中获益》一书作者纳西姆·尼古拉斯·塔勒布将脆弱性定义为事物三元属性中的一个属性，即脆弱性、强韧性、反脆弱性这三元，相当于物理中频率概念的不同频段，即事物（包括动物、动物群体、人、政体、制度等）应对波动、压力等环境后变的更强还是更弱。

对于安全领域的脆弱性，有学者指出，目前，我国对脆弱性评估还没有制定统一的标准，"未制定全行业统一的脆弱性与风险评估标准，致使脆弱性评估工作未能有效进行。也没有建立统一的安全计划与指南，无法确定对哪些环节需要加强安全评估并予以重点保护，给安全保障带来极大隐患"（郝文江、武捷、王巍，2013）。

2. 脆弱性构成

（1）抗干扰力

通信领域中，干扰是指对有用信号的接收造成损伤，在词典里通常指扰乱、打扰、抑制。抗干扰力，即抵抗干扰的能力，通常也被称为敏感性，用来描述体系中某个部分的变化会在多短的时间内导致其他部分也发生变化。抗干扰能力是威胁、受体、时间、空间等因素的函数。不同类型的威胁、不同的威胁承载体所相对应的抗干扰能力不同，不同时间空间下的主体抗干扰能力也不同。

（2）修复力

修复力（Capacity of Resilience）是自我修整使自身恢复原样的能力，也被称作韧性，即面对困难、压力或者冲突时的恢复能力。同抗干扰能力一样，修复力也是威胁、受体、时间、空间等因素的函数。

3. 脆弱性的两维度

脆弱性是抗干扰力与修复力的结合，二者缺一不可。抗干扰力关系到对威胁的抵抗，修复力关系到对威胁所造成伤害的治愈。考虑到这两个维度，脆弱性矩阵如图2所示。

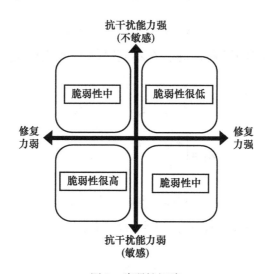

图2　脆弱性矩阵

图2中横坐标为修复力，纵坐标为抗干扰性，横纵坐标之间形成四个象

限，第一象限代表脆弱性低，抗干扰能力强（不敏感），同时修复力也很强。第二象限为脆弱性中，即抗干扰力强（不敏感），但是一旦遭到破坏恢复能力弱。第三象限代表脆弱性很高，抗干扰能力弱（敏感），并且遭到破坏后修复能力弱。第四象限同第二象限一样，都代表脆弱性中等，但第四象限为抗干扰能力弱（敏感），遭到破坏后修复能力强。

4. 脆弱性的时空分布

根据以上分析，研究也可构建关于脆弱性的分布矩阵。脆弱性不能一概而论，也应该是针对不同威胁的脆弱性，而在不同的时间和空间分布不同。

同样假设有 i 种威胁，m 个空间点，n 个时间点。

主体面对第 1 种威胁，在空间 s_1 和时间 t_1 的脆弱性为在 $z_{1s_1t_1}$，在空间 s_m 和时间 t_1 的脆弱性为 $z_{1s_mt_1}$，在空间 s_1 和时间 t_n 的暴露系数为 $z_{1s_1t_n}$，在空间 s_m 和时间 t_n 的暴露系数为 $z_{1s_mt_n}$。因此，针对第 1 种威胁，在不同时间 t_n 和空间 s_m 的脆弱性的分布矩阵 Z_1 为：

$$Z_1 = \begin{pmatrix} z_{1s_1t_1} & z_{1s_1t_2} & \cdots & z_{1s_1t_n} \\ z_{1s_2t_1} & z_{1s_2t_2} & \cdots & z_{1s_2t_n} \\ \vdots & \vdots & & \\ z_{1s_mt_1} & z_{1s_mt_2} & \cdots & z_{1s_mt_n} \end{pmatrix}$$

同理，主体面对第 i 种威胁，在不同时间 t_n 和空间 s_m 的脆弱性的分布矩阵 Z_i 为：

$$Z_i = \begin{pmatrix} z_{is_1t_1} & z_{is_1t_2} & \cdots & z_{is_1t_n} \\ z_{is_2t_1} & z_{is_2t_2} & \cdots & z_{is_2t_n} \\ \vdots & \vdots & & \vdots \\ z_{is_mt_1} & z_{is_mt_2} & \cdots & z_{is_mt_n} \end{pmatrix}$$

其中 S = {s_1, s_2, …, s_m}，T = {t_1, t_2, …, t_n}

六、多维动态国家安全风险矩阵

对风险进行矩阵的评估，实际上就是把定性与定量方法相结合，将研究对象的不同属性进行可视化表达，再对其进行等级排序和分类，形成量化的数据，便于以后的直观分析。在风险矩阵的绘制中，有后果准则和可能性准则两个基本元素，"后果准则用于判定风险的后果严重程度，可能性准则用于识别风险发生可能性的大小。后果准则和可能性准则既可以定性描述，也可以半定量或是定量描述"（刘志辉，2019）。本研究使用定性的后果准则来划分威胁的严重程度，同样使用定性的可能性准则来区分威胁发生的可能性大小。

由于时间、空间、因素这三个维度之间具有逻辑关系，各维度之间的关联、交叉，使其产生了演化、放大的效果，也就是常说的"蝴蝶效应"，因此威胁因素矩阵就成为多维动态的、有多种演化路径的矩阵，并且是一种动态的时间轴上的展示。

研究可以将所有的威胁因素，根据其程度标注在威胁程度矩阵上，而每一种威胁，应该对应不同的暴露系数，再对于每一种威胁分别分析其主体的脆弱性。最后根据具体的威胁、暴露、脆弱性，形成具体某种威胁的风险程度（含损失情况和概率情况）。有了威胁因素矩阵，研究就可以针对某个具体的时间和空间，分析某个具体的威胁造成的破坏力和发生概率，就可以根据某个威胁的破坏力和发生概率，计算威胁程度，针对不同的威胁等级来提出对应措施。

根据以上分析，在空间 1 和时间 1 中，存在第 1 种威胁和针对第 1 威胁的脆弱性，这时风险 r_{111} 为：

$$r_{111} = x_{1s_1t_1} \cdot y_{1s_1t_1} \cdot z_{1s_1t_1}$$

由于在空间 1 和时间 1 中，存在 i 种威胁，并对应 i 种脆弱性，这时在空间 1 和时间 1 中总的风险值 λ_{11} 为：

$$\lambda_{11} = x_{1s_1t_1} \cdot y_{1s_1t_1} \cdot z_{1s_1t_1} + x_{2s_1t_1} \cdot y_{2s_1t_1} \cdot z_{2s_1t_1} + \cdots + x_{is_1t_1} \cdot y_{is_1t_1} \cdot z_{is_1t_1}$$

在空间 m 和时间 1 中，存在 i 种威胁，并对应 i 种脆弱性，这时在空间 m 和时间 1 中总的风险值 λ_{m1} 为：

$$\lambda_{m1} = x_{1s_mt_1} \cdot y_{1s_mt_1} \cdot z_{1s_mt_1} + x_{2s_mt_1} \cdot y_{2s_mt_1} \cdot z_{2s_mt_1} + \cdots + x_{is_mt_1} \cdot y_{is_mt_1} \cdot z_{is_mt_1}$$
$$= r_{1m1} + r_{2m1} + \cdots + r_{im1}$$

在空间 1 和时间 n 中，存在 i 种威胁，并对应 i 种脆弱性，这时在空间 1

和时间 n 中总的风险值 λ_{1n} 为：

$$\lambda_{1n} = x_{1s_1 t_n} \cdot y_{1s_1 t_n} \cdot z_{1s_1 t_n} + x_{2s_1 t_n} \cdot y_{2s_1 t_n} \cdot z_{2s_1 t_n} + \cdots +$$
$$x_{is_1 t_n} \cdot y_{is_1 t_n} \cdot z_{is_1 t_n}$$
$$= r_{11n} + r_{21n} + \cdots r_{i1n}$$

在空间 m 和时间 n 中，存在 x 种威胁，并对应 x 种脆弱性，这时在空间 m 和时间 n 中总的风险值 λ_{mn} 为：

$$\lambda_{mn} = x_{1s_m t_n} \cdot y_{1s_m t_n} \cdot z_{1s_m t_n} + x_{2s_m t_n} \cdot y_{2s_m t_n} \cdot z_{2s_m t_n}$$
$$+ \cdots + x_{is_m t_n} \cdot y_{is_m t_n} \cdot z_{is_m t_n}$$
$$= r_{1mn} + r_{2mn} + \cdots + r_{xmn}$$

综上，考虑不同空间 m，不同时间 n，存在 i 种不同威胁，并针对不同威胁存在 i 种脆弱性，结合其不同的暴露系数，其总的时间、空间动态矩阵为：

$$\lambda_{mn} = \begin{pmatrix} \lambda_{11} & \lambda_{21} & \cdots & \lambda_{m1} \\ \lambda_{12} & \lambda_{22} & \cdots & \lambda_{m2} \\ \vdots & \vdots & \ddots & \vdots \\ \lambda_{1n} & \lambda_{2n} & \cdots & \lambda_{mn} \end{pmatrix}$$

在以上矩阵是 m * n 矩阵，其中，横行是同一时间，不同空间的风险分布情况，纵列是同一空间，不同时间的风险分布情况。

考虑到在实际风险管理过程中，通常是在同一时间内，考虑系统内 m 个空间的总体风险情况，还可以进一步构造如下矩阵计算：

$$\delta_n = \begin{pmatrix} \lambda_{11} & \lambda_{21} & \cdots & \lambda_{m1} \\ \lambda_{12} & \lambda_{22} & \cdots & \lambda_{m2} \\ \vdots & \vdots & \ddots & \vdots \\ \lambda_{1n} & \lambda_{2n} & \cdots & \lambda_{mn} \end{pmatrix} * \begin{pmatrix} 1 \\ \vdots \\ 1 \end{pmatrix}$$

$$= \begin{pmatrix} \lambda_{11} + & \lambda_{21} + & \cdots & + \lambda_{m1} \\ \lambda_{12} + & \lambda_{22} + & \cdots & + \lambda_{m2} \\ \vdots & \vdots & \vdots & \vdots \\ \lambda_{1n} + & \lambda_{2n} + & \cdots & + \lambda_{mn} \end{pmatrix}$$

其中：

$\lambda_{11}\lambda_{21}\cdots\lambda_{m1}$ 是时间 1 时刻/段，所有空间点的风险和；

$\lambda_{12}\lambda_{22}\cdots\lambda_{m2}$ 是时间 2 时刻/段，所有空间点的风险和；

以此类推，

$\lambda_{1n}\lambda_{2n}\cdots\lambda_{mn}$ 是时间 n 时刻/段，所有空间点的风险和。

七、风险评估和风险分级方法

风险是损失的不确定性。风险管理是从底线思维的视角，通过风险识别、风险分析、风险评价，并以此为基础进行决策，使用规避、转移、分担、减轻或自担等方法有效应对各类风险，并对其实施监控和动态管理，同时妥善处理风险事件发生后造成的不利后果。

1. 风险识别

风险具有客观性、损害性、不确定性、发展性等特征。风险识别是对存在的风险因素和可能导致的风险事件进行系统筛选、确认和分类的过程，包括识别项目实施的潜在风险及其特征、风险存在（可能引发）的阶段和风险主要来源。

（1）风险识别的目标

风险识别是在资料收集和前期研究的基础上，对国家安全领域存在的风险因素和可能导致的风险事件进行系统筛选、确认和分类的过程。风险识别旨在系统地识别各类风险因素、风险性质、风险特征、产生条件和可能引发的后果，并加以判断、归类和鉴定，编制风险识别清单，为风险管理的后续工作提供依据。

（2）风险识别的原则

① 系统性。从全局和整体的角度，按照一定的规律，针对项目全生命周期的不同阶段，从风险来源、利益相关方等不同角度调查和识别项目风险。

② 科学性。建立科学的风险识别方法体系，采用定性和定量相结合的方法，对项目的风险进行科学识别。

③ 重点性。了解各类风险的性质，着力识别对项目产生重大或较大影响的风险。

（3）风险识别流程

① 收集、整理相关信息。针对以上典型风险，并结合项目特点，收集整理相关数据和信息。

② 确定风险事件，并将风险归纳和分类。在收集信息的基础上，运用结构分解和系统归纳等方法，确定项目中存在的风险因素及其可能引发的各类风险事件，并对其进行归纳和分类。

③ 编制风险识别清单。在以上归纳和分类的基础上，编制项目的风险清单，并初步确定主要风险及其等级。

2. 风险分析

（1）风险分析目标

指在有效识别风险因素的基础上，根据项目特点，对已识别的风险，通过定性和定量方法分析其发生的可能性和造成损失程度的大小和风险承担主体的韧性/脆弱性（Resilience/Vulnerability），确定风险后果的严重程度（简称风险程度）。

（2）风险分析内容

① 风险事件发生的可能性分析。估计风险事件发生的概率，并统计风险事件的时间概率分布和空间概率分布。

② 风险事件后果严重程度的分析。估计风险事件的发生对项目的影响程度，即风险事件发生可能对项目的质量、进度、成本、声誉等方面的危害程度。

③ 风险承担主体的承受力。由于公众、实施单位和政府等风险承担主体的风险偏好或对风险的承受能力不同，表现为对风险认知的主观差异。

④ 风险事件影响范围分析。风险事件对所有可能影响的工作和利益相关者进行全面估计。

（3）风险分析流程

① 确定风险分析方法。结合风险识别的有关资料和信息，对每个风险因素导致风险事件发生的可能性及其损失，有针对性地定性描述或建立定量模型，确定风险发生概率和损失的估计方法。

② 分析风险事件发生的可能性和后果严重程度。运用上述方法估计风险事件发生的概率及其损失。

八、风险评价和分级

1. 风险评价目标

在风险识别和风险分析的基础上，可以通过比较风险客观程度和风险主观可接受程度（基准），对项目风险水平进行综合分析，对风险水平进行分级和排序，并确定项目面临的重大风险。

2. 风险评价流程

（1）确定各因素风险水平的评价标准（主观可接受水平）。根据风险事件发生造成的影响程度，确定可以接受的水平。

（2）确定各因素的风险水平（客观风险水平）。根据风险事件的发生概率、造成损失和风险承担主体韧性的情况，确定项目各风险因素风险水平。

（3）比较风险客观水平和主观水平。将各因素风险水平与风险评价标准比较，确定它们是否在可接受的范围之内。

（4）确定风险等级。根据比较情况，采用定性或定量的方法分析确定不同风险对项目目标影响的严重程度，并进行排序，整体风险等级取决于各风险因素的最高风险等级。

3. 风险评价和分级方法

（1）单因素法

当确定了各单风险因素后，可以识别和计算各项风险因素的单风险指数，以衡量各项风险对于政策的显著性。

① 风险概率（p）。风险概率可采用 0 到 1 之间的数值来标度，越接近于

1，风险发生可能性越大。按照风险因素发生的可能性将风险概率划分为五个档次，很大（0.8＜p≤1.0）、较大（0.6＜p≤0.8）、中等（0.4＜p≤0.6）、较小（0.2＜p≤0.4）、很小（0≤p≤0.2），可依据经验或预测进行确定。

② 影响程度（q），风险影响程度是风险发生时对社会稳定造成负面影响的严重程度，也可用0到1之间的数值来标度，数值越大，表示影响程度越大。按照风险发生后对项目的影响大小，可划分为五个影响等级，很大（0.8＜p≤1.0）、较大（0.6＜p≤0.8）、中等（0.4＜p≤0.6）、较小（0.2＜p≤0.4）、很小（0≤p≤0.2）。

③ 风险程度（R）。可分为很高（定量判断标准为：$0.64 < R = p*q \leq 1$）、较高（定量判断标准为：$0.36 < R = p*q \leq 0.64$）、中等（定量判断标准为：$0.16 < R = p*q \leq 0.36$）、较低（定量判断标准为：$0.04 < R = p*q \leq 0.16$）和很低（定量判断标准为：$0 \leq R = p*q \leq 0.04$）五个等级。

（2）综合因素法

在单风险因素计算的基础上，可以通过确定单因素风险指数权重和加权平均加总，将单一风险指数汇总成综合风险指数。

① 风险权重的确定。可采用专家打分法，按重要性程度对单一风险因素开展排序，依据排序对这些风险因素赋值，确定权重。

② 加权叠加加总。设综合风险指数为 R，第 i 项单风险指数为 r_i，第 i 项风险的权重为 w_i，n 为风险因素的数量。则：

$$R = \sum_{i=1}^{n} w_i \times r_i$$

设单因素风险概率为 p_i，单因素风险影响程度为 q_i，则：

$$R = \sum_{i=1}^{n} w_i \times r_i = \sum_{i=1}^{n} p_i \times q_i \times r_i$$

4. 风险的分级

根据风险概率和影响程度，可采用风险矩阵法，对风险等级进行划分，其核心思路是以风险概率和风险影响程度两个变量为横纵轴构建一个矩阵，通过这两个变量的取值确定风险因素在矩阵中的位置，从而判断风险等级。常见的风险矩阵如图3。方阵被划分为25个小区域，以斜对角线为对称轴，将某一风险因素定位于"很高""较高""中等""较低""很低"五个区域，对风险进行量化和可视化的描述。

首先，将单因素风险概率 p 划分为五个等级：很高（$0.8 < p \leq 1.0$）、较高（$0.6 < p \leq 0.8$）、中等（$0.4 < p \leq 0.6$）、较低（$0.2 < p \leq 0.4$）、很低（$0 \leq p \leq 0.2$）。

同样，将单因素风险影响 q 也划分为五个等级，很大（$0.8 < p \leq 1.0$）、较大（$0.6 < p \leq 0.8$）、中等（$0.4 < p \leq 0.6$）、较小（$0.2 < p \leq 0.4$）、很小（$0 \leq p \leq 0.2$）。

风险程度（R），可分为重大（定量判断标准为：$0.64 < R = p * q \leq 1$）、较大（定量判断标准为：$0.36 < R = p * q \leq 0.64$），中等（定量判断标准为：$0.16 < R = p * q \leq 0.36$），较小（定量判断标准为：$0.04 < R = p * q \leq 0.16$）和微小（定量判断标准为：$0 \leq R = p * q \leq 0.04$）五个等级，可以参考风险概率影响矩阵进行估计。基于 p 和 q，可以绘制边长为 1，间隔长度为 0.2 的风险矩阵（见图 3）。

综合性风险等级的判断是全面考虑单因素风险程度、综合风险指数、风险调查结果进行的全局性的、最终的判定，不能片面依赖于某一个方面。经过综合风险等级的判定，并结合风险调查情况和国家有关政策标准；将综合安全风险等级分为很低和较低风险、中等风险、较高和很高风险，具体判定标准如表 2 所示。

1	【中等】	【较高】	【较高】	【很高】	【很高】
0.8	【较低】	【中等】	【较高】	【较高】	【很高】
0.6	【较低】	【较低】	【中等】	【较高】	【较高】
0.4	【很低】	【较低】	【较低】	【中等】	【较高】
0.2	【很低】	【很低】	【较低】	【较低】	【中等】
0	0.2	0.4	0.6	0.8	1

图 3 国家安全事件风险评估体系

表2　综合安全风险等级的评判标准

	很低和较低风险	中等风险	较高和很高风险
单因素风险等级	均处于中等及以下	1个较高及以上	1个很高及以上
综合风险指数	[0, 0.16]	(0.16, 0.36]	(0.36, 1]
风险调查	根据公众和专家意见情况确定		

九、基于风险可接受程度与成本管理

《管子·正世》中写道，"利莫大于治，害莫大于乱"。国家安全是国家利益的核心与基础，对国家安全领域进行评估和管理，是维护国家利益的重要环节。

风险是对成功实现目标的威胁，风险管理是预先对风险进行系统的识别、评估、跟踪和降低的活动，是一个在整个项目生命周期内连续、反复进行的过程，而风险管理的目的就是将风险降低到一个可接受的水平。由于风险总是存在，"零风险"的要求，或者作出"不存在风险""风险最小"的结论，既不符合实际，也缺乏科学性。因此国家在某个领域的安全，不是需要绝对的安全，而是基于可接受的风险状态，对现有的风险状态和可接受的风险状态进行比较的结果。风险可接受程度是风险管理的一个重要概念，可接受风险意味着综合考虑任务要求和资源条件，风险事件发生的后果可以容忍。因此，风险管理的最终目标应当是将风险降低到一个可接受的水平。但如果某个威胁超过了国家确定的可接受的风险程度，那么在这个领域就有很大的不安全性，就要采取一系列措施进行治理。风险可接受程度是一个阈值，由最低风险可接受程度和最高风险可接受程度形成一个区间。在风险分析中，风险接受准则是一个常见的计算风险的方法，它表示"在规定的时间内或系统的某一行为阶段内可接受的风险等级，它直接为风险分析以及制定减少风险的措施提供参考依据，因此在进行风险分析时应是预先给定的"，表达方式既可以是定量的，也可以是定性的。结合研究提出的风险矩阵，可以计算出某个领域的威胁的具体值，或是多个领域威胁总值，再将这个值与风险可接受程度的区间进行比较，即可直观地判断国家安全程度。

可接受的风险状态是不断变化的，那么该如何预先确定可接受的风险状态呢？本研究提出风险偏好的概念，由于国家安全的主体是国家，而国家领导人又对国家政策的执行有着决定性作用，那么，国家领导人对风险的判断就决定了可接受的风险程度，即"对于一个国家来说，政府的判断是最重要的判断。国家的选择，实际上就是国家领导人的选择"。另外，专业人士和相关学者的判断，也对可接受风险程度的确定产生影响。

需要注意的是，不同的风险可接受程度对安全风险治理将产生巨大影响。对安全风险的治理本质上也是一种基于成本—收益的管理，即将安全风险降低一个百分点，需要考虑投入增加的比例。可以这样说，绝对的安全等于绝对高的治理成本。

参考文献：

高宏强，2017，《当代中国主流意识形态与国家安全观的共生关系研究》，内蒙古大学博士学位论文。

郝文江、武捷、王巍，2013，《关键基础设施安全威胁及对策分析》，《信息网络安全》第 10 期。

何贻纶，2004，《国家安全观刍议》，《政治学研究》第 3 期。

李文良，2019，《新时代中国国家安全治理模式转型研究》，《国际安全研究》第 3 期。

刘跃进，2019，《国家安全学学科建设的历程与新思考》，《北京教育（高教版）》第 4 期。

刘志辉，2019，《风险矩阵视阈下政府购买服务的风险评估——基于对 174 个社会组织的调查研究》，《长白学刊》第 1 期。

Research on the Evaluation Method of China's National Security Situation in the New Era

Cao Feng　Wang Cheng

Abstract：National security is an objective state of affairs determined by the elements of threat, exposure and vulnerability, which must be combined with a subjective evaluation based on a comparison of the existing level of risk and the acceptable level of risk. Security threats are everywhere, and national security is not the absence of danger or the absence of threats, but rather, in the face of threats, the State reduces the level of risk by eliminating threats, reducing exposure, and lowering its own vulnerability until it reaches an acceptable range and achieves a state of equilibrium between risk and security. To assess China's national security posture in the new era, a multidimensional risk assessment matrix can be built from the three dimensions of time, space and factors, and the assessed risk values can be compared and weighed against the country's acceptable level of risk, so that the management of national security can be centred on cost and benefit.

Keywords：National Security, Threat, Exposure, Vulnerability, Risk Matrix

马克思主义群众观视域下的社会治理共同体建构探究*

□ 张振华　高　杨**

摘要： 社会治理体系和治理能力现代化是中国共产党百年来领导人民推进社会治理宝贵经验的概括总结，也是面向未来全面建设社会主义现代化目标的必然要求。其中，建构社会治理共同体，推动共建共治共享，是解决这一时代命题的关键要素。立足新时代新征程，建构社会治理共同体，需要从理论、历史、实践三个维度入手。马克思主义群众观从理论维度提出了科学指引；中国共产党领导人民推进社会治理的宝贵经验提供了历史借鉴；整合各方面利益，强化利益共同体建设，则从实践维度对如何建构治理共同体作出了有力回答。

关键词： 社会治理　群众观　共同体　共建共治共享　现代化

党的二十大报告明确提出要"完善社会治理体系，健全共建共治共享的社会治理制度，提升社会治理效能""建设人人有责、人人尽责、人人享有的社会治理共同体"。这与新时代以来，我国一直不断推进社会治理体系和治理能力现代化既一脉相承，又有新的发展和深化，目标更明确，任务更具体。自党的十六届四中全会首次提出"社会管理体制创新"到党的十八届三中全会提出"创新社会治理"，再到党的十九大报告强调"打造共建共治

---

　* 课题：本文系 2022 年四川警察思想政治研究中心重点课题"中国共产党'自我革命'的理论逻辑与实践路径研究"（CJS22A04）的阶段性研究成果。
　** 作者简介：张振华，电子科技大学马克思主义学院讲师，法学博士。
　高杨，四川警察学院马克思主义学院讲师，法学博士。

共享的社会治理格局",党的十九届四中全会明确提出"坚持和完善共建共治共享的社会治理制度",中国共产党的社会治理理念不断与时俱进,人民群众参与的维度和意义越来越凸显。进入新时代,随着社会主要矛盾的深刻变化,社会治理的广度和深度不断拓展,人民群众也对社会治理提出了更高的要求。从中国共产党领导人民百年奋斗的历史经验来看,只有坚持马克思主义群众观的科学指引,充分调动广大人民共同参与建构社会治理共同体,依据"最大公约数"画出"最大同心圆",才能推动人民群众对社会治理的认同实现由"自发"到"自觉"再到"自主"的转变,从而凝聚起持久稳定的社会治理合力。

一、理论向度:马克思主义群众观的科学指引

马克思主义认为,人民群众是历史发展的根本动力,因而也是社会治理最根本的依靠力量。在《神圣家族》中,马克思和恩格斯指出:"历史活动是群众的活动,随着历史活动的深入,必将是群众队伍的扩大。"(中共中央马克思恩格斯列宁斯大林著作编译局,2009a:287)

在后来的《路德维希·费尔巴哈和德国古典哲学的终结》一文中,恩格斯再次强调了群众是历史发展动力的观点。他说:"历史人物的动机背后并且构成历史的真正的最后动力的动力,那么问题涉及的,与其说是个别人物,即使是非常杰出的人物的动机,不如说是使广大群众、使整个整个的民族,并且在每一个民族中间又是使整个整个阶级行动起来的动机。"(中共中央马克思恩格斯列宁斯大林著作编译局,2012a:255—256)在马克思主义唯物史观的指导下,以毛泽东为代表的中国共产党人创造性地提出了人民群众不仅是生产实践的主体,也是社会变革的决定性力量。"人民,只有人民,才是创造世界历史的动力。"(毛泽东,1991a:1031)中国共产党对马克思主义群众观的丰富发展为团结和动员广大群众一起改造社会、实现社会的良善治理提供了有力的思想武器。

(一)建构社会治理共同体的根本前提分析

马克思和恩格斯在对资本主义"虚幻共同体"的深刻批判中指出,资

本主义的社会治理之所以呈现出一种"虚幻共同体"的社会治理样态，究其根本在于资本主义生产关系内在的虚幻性。要消除这种"虚幻共同体"必须要变革资本主义的生产关系，即建立无产阶级的人民民主专政，这是实现社会共建共治共享的根本前提。在马克思、恩格斯看来，在无产阶级的领导下，广大人民群众掌握了国家政权，就可以取代压迫他们的力量，得以真正成为社会治理的主体与核心。在此基础上，充分的人民民主专政作为无产阶级政治解放的基本形式，从根本上改变了资本主义的社会治理方式，使社会治理权力从资产阶级手上转移至人口占绝大多数的无产阶级手中，这就为"人民自治"提供了强有力的保障。他们还进一步指出，在资本主义社会治理中，"个人自由只是对那些在统治阶级范围内发展的个人来说是存在的"（中共中央马克思恩格斯列宁斯大林著作编译局，2009a：571），而广大人民的自由只停留在形式上，因而也不可能真正成为社会治理的主体力量。在评价巴黎公社时，马克思主张政治共同体所具有的暴力职能应当归还给人民，社会治理与政权保卫的职能应当由人民民主行使。因为只有以人民民主专政为前提的社会治理才能摆脱资产阶级社会治理的虚幻性而达到真正民主的、制度化的治理，从而为社会的共建共治共享提供根本的制度保障。这是无产阶级领导下的社会治理和资产阶级社会治理的根本区别。

（二）坚持为人民服务是建构社会治理共同体的根本宗旨

为人民服务是无产阶级政党一切活动的根本宗旨。马克思、恩格斯在《共产党宣言》中指出："过去的一切运动都是少数人的，或者为少数人谋利益的运动。无产阶级的运动是绝大多数人的，为绝大多数人谋利益的独立的运动。"（中共中央马克思恩格斯列宁斯大林著作编译局，2012a：411）马克思和恩格斯的这一观点为无产阶级政党的活动指明了根本出发点，即无产阶级政党的活动应该是为人民服务，而不是为资本服务，这是两种不同类型政党的一个根本差异。在资本主义社会中，资本是政党活动的本位，因而也是社会治理的本位。马克思曾经深刻地指出，随着资本主义的发展，建立在私有制基础上的社会关系被物与物的关系主宰，人们之间无差别的抽象劳动成为资本主义社会人与人交换的基础，"凡是我作为人所不能做到的，也

就是我个人的一切本质力量所不能做到的，我依靠货币都能做到"（中共中央马克思恩格斯列宁斯大林著作编译局，2009a：246）。与此形成对照的是，无产阶级政党从为人民服务这一根本立足点出发，把人民作为社会的本位，强调是否站在人民的立场为人民谋取利益、是否坚持为人民服务的宗旨，是无产阶级政党区别于其他政党的根本标志。毛泽东深刻地指出："应该使每个同志明了，共产党人的一切言论行动，必须以合乎最广大人民群众的最大利益，为最广大人民群众所拥护为最高标准。"（毛泽东，1991a：1096）"全心全意为人民服务，一刻也不脱离群众；一切从人民的利益出发，而不是从个人或小集团的利益出发；向人民负责和向党的领导机关负责的一致性；这些就是我们的出发点。"（毛泽东，1991a：1094—1095）在革命战争年代，中国共产党正是依靠这一宗旨，充分动员起了广大人民群众，为中国革命准备了最深厚的力量根基。立足新时代新征程，推动人民群众广泛参与社会治理，建构社会治理共同体，更加要坚持"为人民服务"的宗旨。

（三）党的领导与人民主体作用的有机统一是建构社会治理共同体的核心要义

人民群众是社会变革的决定力量，也是无产阶级政党最可靠的力量来源。中国共产党一贯重视发挥人民群众的作用，强调以人民为后盾。1934年，在国内革命形势非常困难的情况下，毛泽东明确指出："真正的铜墙铁壁是什么？是群众，是千百万真心实意地拥护革命的群众。"（毛泽东，1991b：139）1938年，在《抗战十五个月的总结》中，毛泽东再次强调："依靠民众则一切困难能够克服，任何强敌能够战胜，离开民众则将一事无成。"（毛泽东，1993：381）他把党和群众的关系比喻成"种子"和"土地"的关系、"鱼"和"水"的关系，认为我国革命和建设之所以能不断取得胜利，主要是广大人民群众充分发挥积极性和创造性的结果，而社会主义制度之所以比资本主义制度具有更大的优越性，主要在于它能把党的领导和人民主体作用的发挥有机统一起来。所以，他强调："党和群众的关系的问题，应当是：凡属人民群众的正确的意见，党必须依据情况，领导群众，加以实现；而对于人民群众中发生的不正确的意见，则必须教育群众，加以改正。"（毛泽东，1991c：1310）事实证明，人民群众的主体作用和党的领导可以有机结合，而这种结合是我国社会不断变革发展最深厚的力量基础。

（四）"从群众中来，到群众中去"的工作方法是建构社会治理共同体的实践延伸

以毛泽东为代表的中国共产党人继承了马克思主义的群众观，创造性地提出了"从群众中来，到群众中去"的工作方法。这是马克思主义科学理论的实践运用，为开展群众工作提供了有力的方法论指导。马克思主义认为，人的认识来源于实践，而且要经过"由实践到认识，由认识到实践"的多次反复，而实践的主体则是广大人民群众，因而"从群众中来，到群众中去"的反复过程其实也是"由实践到认识，由认识到实践"的反复过程，由此，马克思主义认识论与群众观实现了有机统一。毛泽东反复强调，共产党员"应该站在民众之中，而决不应该站在民众之上"（毛泽东，1991a：809）。在《关于领导方法的若干问题》中，毛泽东指出："在我党的一切实际工作中，凡属正确的领导，必须是从群众中来，到群众中去。这就是说，将群众的意见（分散的无系统的意见）集中起来（经过研究，化为集中的系统的意见），又到群众中去作宣传解释，化为群众的意见，使群众坚持下去，见之于行动，并在群众行动中考验这些意见是否正确。然后再从群众中集中起来，再到群众中坚持下去。如此无限循环，一次比一次地更正确、更生动、更丰富。这就是马克思主义的认识论。"（毛泽东，1991a：899）这段论述既阐释了马克思主义认识论的深刻原理，又为我们揭示了如何将马克思主义群众观贯彻到实际工作中，转化为我们的具体工作方法，使"从群众中来，到群众中去"的工作方法有了正确的理论基础。

（五）人的自由全面发展是建构社会治理共同体的价值旨归

马克思主义认为，人的自由全面发展是社会治理的最终价值目标。马克思指出："现代社会所趋向的'新制度'，将是'古代类型社会在一种高级的形式下的复活'。"（中共中央马克思恩格斯列宁斯大林著作编译局，2009b：572）这种"复活"不是简单的历史重复，是政治共同体与社会共

同体在经历了资本主义时代的分裂之后重新融合的复活，是对资本主义"单向度的人"的自我扬弃，是建立在"否定之否定"意义上的复活。在这一过程中，社会发展成为人与人之间的自由联合体，每一个人"逐渐把别人视为'我们'之一，而不是'他们'"（理查德·罗蒂，2003）。"每一个生产者，在作了各项扣除以后，从社会领回的，正好是他给予社会的。他给予社会的，就是他个人的劳动量。"（中共中央马克思恩格斯列宁斯大林著作编译局，2009b：434）在这种情形下的社会治理不仅是多元主体的治理，而且是每个自由人联合起来的共同治理，每个参与者也都能在其中找到自身的定位和价值。相比于资本主义那种与人相异化的、限制人自由全面发展的社会治理而言，建立在人民民主专政基础上的社会治理共同体将力图消灭一切与人的自由相悖的力量，使社会治理摆脱物的依赖性，将关照点回归到人的自由全面发展中，最终使社会治理实现从"统治人"向"服务人"的价值转向。

二、历史向度：中国共产党领导共建共治共享的经验回溯

中国共产党是在马克思主义思想指导下建立起来的政党，同时深深扎根中国社会，在领导和推动社会治理的历史过程中，始终坚持把马克思主义基本原理与中国实际相结合，逐渐积累了丰富的历史经验。这些历史经验是我国经济社会发展及历史文化传统内生演化的结果，也是新时代推进社会良善治理的自然流变。注重汲取和梳理这些经验，可以为在新历史条件下建构社会治理共同体提供历史借鉴。

（一）从管控向管理、治理的模式转变

新中国成立以来，我国社会治理的模式经历了"管控—管理—治理"的不同阶段。这三个阶段不仅在时间上与中国发展的历史逻辑相重合，而且与良性社会治理在我国实践中的发展逻辑相重合（郭晔，2022）。新中国成立初期，我们的主要任务是巩固新生政权、建立人民民主专政、完成社会主义改造。在这样的历史任务面前，我国的社会治理呈现出"管"和"控"

相结合的突出特点。一方面，表现为以强力的严管严控进一步肃清阶级敌人和潜在的反动破坏力量，通过军管会、单位制等办法在整个社会层面实施社会管控，加强对国家统治基础的维护；另一方面，表现为主要依靠行政手段管理国家，依靠群众运动解决社会矛盾，加强对社会问题的治理。改革开放以后，随着以市场化为基本导向的社会主义现代化建设不断深入推进，为了释放社会活力，我国大力推动"管控"向"管理"的治理模式转型。比如，允许城乡之间人员自由流动、支持私人投资兴业、用"居民身份证"替代"户口簿"等，为发展市场经济创造条件。不过，在这种社会治理模式下，自上而下、纵向垂直的特征十分明显，政府力量包办过多、社会力量参与不足的弊端也日益显现。新时代以来，国家治理变革被置于更加突出的位置。2014年，党的十八届三中全会通过《中共中央关于全面深化改革若干重大问题的决定》明确用"社会治理"取代"社会管理"，并提出"创新社会治理体制"的改革目标，强调从"改进社会治理方式""激发社会组织活力""创新有效预防和化解社会矛盾体制""健全公共安全体系"等方面提升社会治理水平。从"管理"到"治理"，一字之差体现出理念的进步和方式的变化。可以说，中国正在逐步探索一条共建共治共享的人民民主社会治理模式。

（二）从以集体为本向以人为本的理念转变

改革开放以前，我国实行的是高度集中的计划经济体制。在城市，国有企业和集体所有制企业不具有独立的法人资格，工人的生产生活都由企业集中安排，企业的运转又由国家计划调控。在农村，人口以公社为单位来组织，劳动按"工分"来衡量，普遍的人民公社体制使农民可以吃"大食堂"。客观地看，高度集中的计划经济模式对新中国成立初期国民经济的恢复和发展起过积极的推动作用，但其存在的问题和弊端也随着经济的发展而逐渐暴露出来。在社会治理领域，由于集体经济对人民社会生活的支配范围太过宽泛，一方面社会成员行使权利的机会和途径非常有限，另一方面国家对社会的治理更多通过对集体经济的调控和管理来实现，对个人生活和公共服务的满足成了"集体"的重要职能，集体经济成了社会治理的主要依靠力量。随着社会的发展，特别是非公有制经济的快速发展，以人为本的理念

不断彰显，"集体"在社会治理领域逐渐退场。现代社会治理强调共建共治共享，提出"人人有责、人人尽责、人人共享"的治理目标。这就把人置于社会治理的中心位置，把社会治理现代化与人的现代化统一起来，从而在最大程度上把社会治理与以民生为核心的社会建设结合起来。这一理念是马克思主义群众观在社会治理领域的充分体现，是无产阶级政党领导的人民民主的充分体现，既能有针对性地解决人民群众迫切需要解决的民生问题，避免治理资源的浪费，又能进一步推动社会治理共同体的建设，提高社会治理的效能，让每个参与社会治理的成员都能通过参与社会治理共同体获得更多的安全感和幸福感。

（三）从一轴主导向多元共进的力量转变

在过去很长的一段时间里，社会治理都被视作党和政府的职能。党的十九届四中全会提出"党委领导、政府负责、民主协商、社会协同、公众参与、法治保障、科技支撑"的社会治理体系，为治理共同体的建构明确了基本方向，也推动了社会治理力量从"一轴主导"体制向"多元共进"体系的转变。"一轴"即党委领导、政府推动，"多元"即党委、政府、社会组织、普通民众等共同参与。这是建构社会治理共同体、实现共建共治共享的关键要素，也是民主治理、科学治理、依法治理的重要保障。这样一种"多元共进"的社会治理体系不是封闭的不变的形式，而是开放的成长的系统。其中，党委领导确保了社会治理的政策规划和制度设计的延续性、稳定性、系统性。政府负责、社会协同、公众参与的多元共治力量格局充分发挥了不同主体在社会治理中的角色，使社会治理能够真实反映情况、权衡各方利益、凝聚最大共识（郭晔，2022）。民主协商是多方力量相互融合形成合力的过程，也是我国全过程人民民主在社会治理环节上的有效应用；法治保障是建设法治社会的必然要求，也是将社会治理创新实践上升为规范并推进持续创新的必要手段；科技支撑是治理能力和治理体系现代化的必然途径，也是社会治理的一种创新。在2018年民政部通过验收的40个基层社会治理和服务试验区中有30个试验区（占75%）的实验内容涉及"三社联动""多元共治""组织体系"等内容，"联动、协同、融合、体系、合作"成为高频关键词（吴晓林，2020）。这也充分说明，这样一种多元共进的治理共同体建构已经在基层显现出来强大的生命力，得到了社会各阶层的广泛认可。

（四）从自上而下到双向互动的形态转变

所谓"自上而下"，是指传统社会治理作为国家职能的一部分，由党和政府自上而下地推进，主要表现为中央和地方各级党委政府通过出台一系列社会治理的路线、方针和政策来进行管理。例如，国家制定的各种法律法规、各类社会治理的文件、重大的发展规划等。这些都需要自上而下逐级落实，从而实现对社会的有效治理。而双向互动，指的是除了自上而下的行政推动以外，还需要充分发挥"自下而上"的力量，推动社会治理机制不断完善，社会治理效能充分释放。社会治理的重点在基层，难点也在基层。基层单位既是国家推动社会治理现代化的重要依靠力量，也是社会治理先进经验的主要创造者。上下双向互动，关键就是要充分调动基层单位的积极性、主动性、创造性。这也是对我国社会治理经验的充分总结，是被实践证明的有效治理形态。一方面，它有助于顶层设计的理论和制度在基层治理中得到贯彻落实，催生新的治理思路和做法，例如，很多地方提出的"最多跑一次"改革、"马上就办"服务模式、"数据融通、一网汇聚"等社会治理的有效办法。另一方面，社会治理的基层样本也常常被国家制度和政策吸纳。比如，作为"枫桥经验"的发源地，近年来浙江省诸暨市积极探索依托党建统领、数字赋能、精准服务、下沉监督，持续深化县域城市社区治理标准、开放式小区自治等社区治理模式的提升和推广，成为新时代上下双向互动社会治理的样本。党的二十大报告提出，在社会基层坚持和发展新时代"枫桥经验"，为健全城乡社区治理体系，及时把矛盾纠纷化解在基层指明了方向。

三、实践向度：推动建设新时代社会治理共同体

中国特色社会主义进入新时代，我国社会治理面临着新的发展机遇，也面临着利益诉求多元化与价值取向多样化的困境与挑战。而社会治理作为汇聚多元主体的重要场域，不可避免要面临因利益多元、价值多样博弈而引发

的治理难题。其中，党委、政府、社会组织、企业、公民都是社会治理的利益相关者，怎样把他们整合为一个利益共同体，通过有效的社会治理更充分、更公平地满足共同体中多元主体的利益诉求，从而提升社会治理的效能是新时代社会治理现代化的重要使命。

（一）对社会根本利益的表达

马克思、恩格斯指出："人们为了能够'创造历史'，必须能够生活。但是为了生活，首先就需要吃喝住穿以及其他一些东西。"（中共中央马克思恩格斯列宁斯大林著作编译局，2012b：158）可见，吃、穿、住等物质生活资料是人们生存和发展首要的物质利益。对物质生活资料的需要是人们从事社会活动的根本动因。党的二十大报告明确强调："我们要实现好、维护好、发展好最广大人民根本利益，紧紧抓住人民最关心最直接最现实的利益问题。"这是推动社会治理的根本基础。

共产党作为无产阶级政党，天然就代表着广大人民群众的根本利益。构建以实现人民根本利益为基础的社会治理共同体不仅具有马克思主义"现实的人"的理论内核，而且与以人民为中心的发展思想高度契合。毛泽东指出："马克思列宁主义的基本原则，就是要使群众认识自己的利益，并且团结起来，为自己的利益而奋斗。"（毛泽东，1991c：1318）中国共产党自成立以来始终坚持为人民服务的宗旨，以人民的根本利益为工作出发点，团结带领广大群众共同推进社会主义建设和改革事业，不断夯实社会共同利益的根基，为社会治理共同体的形成提供了内生动力。习近平总书记在庆祝改革开放40周年大会上的讲话中，总结和提炼了改革开放40年的历史内涵和主要经验，即"十个始终坚持"和"九条宝贵经验"。其中，关键的一点就是强调党要坚持为人民服务的宗旨，维护好、发展好人民群众的利益。进入新时代，人民群众期待更满意的收入、更舒适的居住条件、更好的教育、更可靠的社会保障、更高水平的医疗卫生服务、更优美干净的环境等，这是推进社会治理体系和治理能力现代化必须回应的时代关切，也是当下凝聚社会共识、建构治理共同体的重要前提基础。正如习近平总书记在党的十九大报告中指出："全党同志一定要永远与人民同呼吸、共命运、心连心，永远把人民对美好生活的向往作为奋斗目标。"

（二）对社会利益主体的明确

明确主体，是为了解决共同体整合中的身份定位问题。这是中国革命取得成功的一个基本经验。早在新民主主义革命时期，毛泽东就告诫大家，一定要认清"谁是我们的敌人，谁是我们的朋友"，因为只有分清了敌、我、友，才能在革命斗争中找到志同道合者，不断壮大自身力量。基于此，"阶级分析""同盟者""阵营划分""统一战线"等提法，成为当时明确利益主体的外在话语表现。在社会主义建设时期，党深入总结了过去团结广大人民群众的宝贵经验，从共同体建构的层面强调一定要继续巩固最广泛的爱国统一战线，解决社会主义为谁而建、由谁来建的问题。因为只有每个社会成员都成为这个共同体的一部分，大家参与"共建"的积极性和主动性才可能被充分激发出来。

从毛泽东强调要正确处理人民内部矛盾，到改革开放之初提出努力建设社会主义物质文明和精神文明，再到党的十八届五中全会提出的"创新、协调、绿色、开放、共享"新发展理念，社会发展理念的更新反映了发展的具体利益需要的转变，但不变的是人民群众始终是社会建设、发展和治理的主体力量，是推动社会共建共治共享的根本依靠。正如邓小平所强调："党只有紧紧地依靠群众，密切地联系群众，随时听取群众的呼声，了解群众的情绪，代表群众的利益，才能形成强大的力量，顺利地完成自己的各项任务。"（邓小平，1994）党的十九大报告也指出："为什么人的问题，是检验一个政党、一个政权性质的试金石。"这些论述的重要内涵之一是强调社会发展的利益主体问题。进一步说，人民群众是社会主义现代化的实践主体，是推动发展的根本力量，同时是社会治理的主体力量。密切联系群众，紧紧依靠群众，这是党在社会治理问题上的基本方针，也是共建共治共享得到广大群众支持和真心拥护的根本原因。

（三）对社会共同利益的扩展

在共建共治共享的理念下，为了协调社会成员因利益多元化而产生的对

社会治理的不同看法，需要通过对利益内涵的扩展，使大多数成员就共同面对的社会问题达成共识，从而将不同个体利益归化为社会共同利益。这是利益诉求表达和利益主体明确的逻辑延伸，也是建构社会治理共同体的关键要素。对于中国共产党来说，带领人民建设和发展中国特色社会主义是一项开创性的事业，需要不断地进行"自我革命"，将不同社会群体的利益相互拓展以至融合，为推动社会治理现代化提供稳定支撑。

新中国成立以后，中国共产党之所以能把广大人民群众紧密地团结起来共同建设社会主义，很重要的一条就是坚持从实际出发，以唯物的、辩证的观点来看待人民的利益，推行了利益内涵扩展的工作思路。通过"三大改造"，党建立了社会主义的基本经济制度，把以农民和手工业者个体劳动为基础的私人所有制改造成为劳动群众集体所有制，从而实现了利益基础的扩大和巩固。改革开放以来，通过对经济体制的改革，扩大市场参与的主体，让广大人民群众都能参与到社会主义市场经济建设中来，成为市场参与者，同时也是利益分享者，从而形成利益内涵的"交集"。进入新时代，党的十九大报告指出："要高举爱国主义、社会主义旗帜，牢牢把握大团结大联合的主题，坚持一致性和多样性统一，找到最大公约数。"以此为指导，建构社会治理共同体要着眼于社会多元多样多维的发展态势，在与各相关主体进行充分讨论协商的基础上，吸收他人意见，推动社会公共利益的内涵不断扩展，进而兼顾每一个个体的正当利益而达到社会整体利益最大化。这关乎不同层面利益主体，涉及全体社会成员，对于构建人人有责、人人尽责、人人享有的社会治理模式具有重要意义。

（四）对社会利益冲突的协调

党的二十大报告指出："我国是一个发展中大国，仍处于社会主义初级阶段，正在经历广泛而深刻的社会变革，推进改革发展、调整利益关系往往牵一发而动全身。"虽然社会成员经过利益扩展以后，可以在社会公共利益方面形成比较一致的认知，但这并不能完全消除不同利益之间的矛盾冲突。因此，进行利益协调就成了利益整合的必要环节。在利益整合过程中，我们必须从社会成员的眼前利益、局部利益和现实利益出发，争取获得社会成员对利益协调的自觉认同，进而以社会的长远利益、整体利益和根本利益为基准，处理不同利益之间的相互关系，协调不同利益之间的相互差距，不断超越既有的社会利益结构，建构起对公共利益的思想认识。

回顾中国共产党建党百年的光辉历程，在党领导人民推进社会治理、协调解决利益冲突的各个历史阶段，党的思想理念、方针政策之所以能在人民群众中生根、发芽、开花、结果，主要原因就在于它始终把人民群众的根本利益放在首位，以实现和维护大多数群众的利益需要为宗旨，正确处理不同群体之间的利益矛盾。在抗日战争最困难的时期，党中央及时提出了"三三制"原则，即共产党员、党外进步人士和中间派各占三分之一，这对于巩固中国共产党在抗日民族统一战线中的无产阶级领导权，发展进步势力，争取中间势力，孤立顽固势力，夺取抗战胜利起到了重要作用。在社会主义建设初期，毛泽东又发表了著名的《论十大关系》，对如何全面把握社会主义建设中的各种矛盾，统筹推进各项事业起到了重要的指导作用。改革开放以来，从邓小平将是否有利于提高人民的生活水平作为衡量一切工作是非得失的重要标准之一，到江泽民强调要代表最广大人民的根本利益，再到胡锦涛提出的以人为本为核心的科学发展观，无不表明了利益协调对于处理群众利益矛盾的重要作用。党创立和领导的人民代表大会制度、人民政治协商会议制度、民族区域自治制度、基层群众自治制度等，确保了不同社会群体与执政党之间以及不同社会群体之间始终有畅通的协商沟通机制，这种机制为保障社会各方利益，有效进行协调沟通，处理多元社会中的利益分歧创造了条件。党的十八大以来，习近平总书记在阐述中华民族伟大复兴中国梦的含义时，明确提出了"国家富强、民族振兴、人民幸福"的三大目标，这三大目标是相互联系的一个有机整体。它是国家利益、民族利益、人民利益的集中表现，也是我们当前处理人民利益矛盾的基准尺度。以"国家富强、民族振兴、人民幸福"为标准来处理不同利益主体之间的相互关系，将有助于在新的历史条件下判定各项工作的利弊得失，进而有效协调不同群体的利益矛盾，对于推进社会治理共同体建设、提升社会治理的有效性奠定坚实基础。

总之，建构新时代的社会治理共同体，既是对马克思主义群众观的时代

阐发，也是对现代国家治理思想的创新发展，更是解决我国社会治理难题的现实需要。习近平总书记反复强调社会治理要坚持"人人有责、人人尽责、人人享有"。这是建构新时代社会治理共同体的根本原则，也是推进社会治理体系和治理能力现代化的实践指向。蓬勃发展的中国正处于民族复兴的关键时期，坚持马克思主义的科学理论，立足党的百年奋斗经验，推动建立共建共治共享的社会治理共同体，必将在实践中使我国社会治理理念不断深化、形式不断丰富、场域不断拓展，实现理论逻辑、历史逻辑、现实逻辑的有机统一，为全面建设社会主义现代化国家、全面推进中华民族伟大复兴保驾护航。

参考文献：

邓小平，1994，《邓小平文选》（第2卷），人民出版社，第342页。

郭晔，2022，《论中国式社会治理现代化》，《治理研究》第3期。

[美]理查德·罗蒂，2003，《偶然、反讽与团结》，商务印书馆，第7页。

毛泽东，1991a，《毛泽东选集》（第3卷），人民出版社。

毛泽东，1991b，《毛泽东选集》（第1卷），人民出版社。

毛泽东，1991c，《毛泽东选集》（第4卷），人民出版社。

毛泽东，1993，《毛泽东军事文集》（第2卷），军事科学出版社、中央文献出版社。

吴晓林，2020，《理解中国社区治理——国家、社会与家庭的关联》，中国社会科学出版社，第56页。

中共中央马克思恩格斯列宁斯大林著作编译局，2009a，《马克思恩格斯文集》（第1卷），人民出版社。

中共中央马克思恩格斯列宁斯大林著作编译局，2009b，《马克思恩格斯文集》（第3卷），人民出版社。

中共中央马克思恩格斯列宁斯大林著作编译局，2012a，《马克思恩格斯选集》（第4卷），人民出版社。

中共中央马克思恩格斯列宁斯大林著作编译局，2012b，《马克思恩格斯选集》（第1卷），人民出版社。

Research on the Construction of Social Governance Community from the Perspective of Marxist People's View

Zhang Zhenhua　Gao Yang

Abstract：The modernization of the social governance system and capacity is an important experience of the Communist Party of China to promote social governance，and it is also an inevitable requirement for comprehensively building socialist modernization in the future. Building a social governance community and promoting social co-construction，co-governance and sharing are the key elements to solve this issue. In the new era，the construction of social governance community must be promoted from three dimensions：theory，history and practice. Marxist people's view puts forward scientific guidance from theoretical dimension. The valuable experience of the Communist Party of China in promoting social governance has provided historical reference. Strengthening the building of a community of interests is an answer to this issue from the practical perspective.

Key words：Social Governance，People's View，The Community，Co-construction，Co-governance and Sharing，Modernization

调查与案例研究

章志远　陈佳文　行政争议调解中心的浙江探索

蒋都都　申江华　市场性失信惩戒的治理逻辑及制度展望

行政争议调解中心的浙江探索[*]

□ 章志远　陈佳文[**]

摘要：多元主体推动下的行政争议调解中心建设蕴含着法治国家、法治政府、法治社会一体建设的内在机理。发轫于浙江的行政争议调解中心依照"党委领导、政府牵头、法院指导、司法监督"的思路，为探索地方实验型法治一体建设提供了典型样本。经历"试点先行、稳步推进、全省覆盖"三个阶段的发展，行政争议调解中心实现了由司法主导到府院互动、由事后补救到事前调处、由利益对抗到理性沟通的三大功能转变。在调解中心积极推广和追求诉源治理目标的同时，须坚持自愿、合法的诉前调解基本原则，保留司法对诉前调解协议的审查权能，完善诉前调解与立案登记制的衔接机制，这也是未来行政争议调解中心发展的应由之路。

关键词：行政争议调解中心　诉前调解　诉源治理　府院互动　诉非衔接

浙江行政争议调解中心自成立以来，坚持和发展了新时代"枫桥经验"，不断探索协调型解决行政争议的新模式。浙江行政争议调解中心建设历程，遵循了中国特色社会主义法治发展的内在逻辑，也是对法治国家、法治政府、法治社会一体建设的重要探索。随着大批涉重点工程、重大项目等涉党政中心工作及征地拆迁、违法建筑拆除等官民矛盾多发领域的行政争议

---

[*] 基金项目：本文是 2021 年度国家社科基金重点项目"行政诉讼实质性解决争议的制度构造"（编号：21AFX008）的阶段性研究成果。

[**] 作者简介：章志远，华东政法大学纪检监察学院常务副院长，教授、博士生导师，教育部青年长江学者；

陈佳文，华东政法大学宪法学与行政法学专业硕士生。

得以实质性化解，行政争议调解中心对服务保障高质量发展建设共同富裕示范区、法治中国示范区和"大综合一体化"行政执法改革起到关键作用，为法治浙江建设积累宝贵的实践经验。行政争议调解中心依照"党委领导、政府牵头、法院指导、司法监督"的总体思路，助力共同推进法治国家、法治政府、法治社会一体建设。本文通过对浙江行政争议调解中心生长轨迹的实证观察，试图挖掘并阐释其背后的制度功能，并思考调解中心在未来发展过程中可能面临的现实问题，以期对调解中心建设提供有益思路。

一、行政争议调解中心的生长轨迹

浙江行政争议调解中心的建设源于湖州安吉的基层实践，在取得成效后经由省级相应文件进行全省覆盖和固化推广，为全国范围内调解中心的建设提供了典型范本。历经试点先行的初创期、稳步推进的生长期和全省覆盖的推广期三个重要阶段，浙江行政争议调解中心的生长轨迹蕴藏着法治一体建设的发展逻辑，是引领行政调解制度发展的一次地方实验型自主探索。回顾其发展历程，能进一步提炼浙江自下而上的法治一体建设创新经验。

（一）试点先行的初创期

在试点先行的初创阶段，浙江省内最先设立行政争议调解中心的是湖州地区。湖州市人大常委会出台关于行政争议实质化解的决定，逐步构筑起以"人大决定"为统领，以调解规程、收总确认、容错免责等"九项制度"以及领导小组、线上调解、入驻矛调等"六项机制"为主要内容的"1+9+6"行政争议解纷体系。2017年3月，湖州市安吉县人民法院与市政府法制办联合设立的全省首个行政争议调解中心，是全国首家设立于诉讼服务中心化解"官民矛盾"的专业化平台，湖州安吉的这一原创性经验也成为浙江法院行政争议多元化解的"试金石"。同年4月，浙江省高级人民法院下发通知确定10个基层法院（安吉县，杭州市余杭区，宁波市鄞州区、余姚市，温州市鹿城区、瓯海区，绍兴市柯桥区，衢州市柯城区，丽水市莲都区，台州市椒江区）作为试点法院开展行政争议调解中心试点工作，探索在行政诉

讼领域深入推进"大立案、大服务、大调解"三大机制建设的地方实践样本。

浙江省内其他试点地区不断摸索经验做法之际，湖州地区也从未止步不前，继续发挥其在浙江省内调解中心建设的"领跑者"角色。2017 年 11 月，德清县人民法院成为全省首个设立行政争议调解中心的行政案件非集中管辖法院；12 月，湖州市中级人民法院挂牌成立全省首家设区市行政争议调解中心。"三个首家"行政争议调解中心的设立，凸显出湖州的首创精神。2018 年 2—4 月，湖州市南浔区人民法院、吴兴区人民法院、长兴县人民法院先后与当地区、县政府共同成立行政争议调解中心，实现行政争议调解中心在湖州地区的全覆盖。

（二）稳步推进的生长期

在行政争议调解中心稳步推进的阶段，浙江各地探索出不同的生长路径，推动行政争议的诉源治理。例如，在衢州地区对调解中心的功能定位进行迭代升级，建立的"法院建议、党政一把手批办、分管县领导交办、调解中心协调化解、处理结果及时反馈"闭环机制中，调解中心居于承上启下的重要一环。衢州通过在县级矛调中心专门设立行政争议调解中心的方式，健全了行政程序中先行解决矛盾机制，同时凝聚起县级社会矛盾纠纷调处化解中心的多元主体合力。又如，温州地区通过一系列配套文件的落地，逐步构建激励约束机制、败诉风险预警防范、人财物保障、司法确认、跨县域联动调处等较为完备的机制体系。再如，伴随浙江数字化改革的浪潮，湖州法院对接数字化法院改革，搭建行政争议在线化解平台，努力推动行政争议化解线下线上融合，实现线下争议线上解。

线上调解机制的建设和调解中心实体运作机制的完善，为全省行政争议调解中心的推广奠定了良好基础。与此同时，制度设计层面相关政策文件的出台，为调解中心的推广运行提供了有力保障。2018 年，浙江省高级人民法院在全省法院行政审判工作座谈会上明确提出要在全省全面推广建立行政争议调解中心；12 月，浙江省人民检察院与浙江省高级人民法院联合发文，支持全省法院与当地政府机关全面推广建立行政争议调解中心。随后，全国首家海事行政争议调解中心于 2019 年 1 月在宁波海事法院挂牌设立，是第一家设置行政争议调解中心的专门法院。2019 年 4 月，时任最高人民法院副部级专委贺小荣到安吉县人民法院调研指导，对行政争议调解中心平台建设工作予以肯定，行政争议调解中心在浙江多地稳步发展。

（三）全省覆盖的推广期

行政争议调解中心实践经验的推广和探寻远不止于简单的复制粘贴，在浙江固化经验与全面铺开的实施阶段，行政争议配套考核评价机制的建立有力地推动了行政争议调解中心实质性化解行政争议的运行质效。浙江将涉行政复议、行政诉讼等行政争议化解情况纳入指标考核，省级层面和省内各地均在不同程度上建立起配套机制，进而增强实质性化解工作的质效。在省级层面，浙江省人民政府明确将各级行政机关参与行政争议化解率、调解协议自动履行率等情况纳入法治浙江的考核内容。在省内各地，嘉兴地区法院探索构建奖优罚劣双向评比体系，建立"正向激励 + 反向倒逼"的相关考核机制；衢州地区重点完善调解监督考核事项，并形成定期通报制度，将行政机关参与行政诉讼调解及协议履行情况纳入法治政府建设重点工作考核范围。2021 年，浙江省高级人民法院、浙江省司法厅联合制定下发《关于加强诉源治理进一步完善预防和化解行政争议机制的意见》，标志着预防化解行政争议体系的不断健全。浙江在全国率先实现行政争议调解中心省、市、县三级全覆盖，2021 年协调化解了 39.2% 的行政案件，协调撤诉率连续 3 年领跑全国，行政争议调解中心成为行政审判领域改革的创新举措和闪亮名片。[①]

随着浙江行政争议调解中心的蓬勃推广，全国各地结合不同的法治环境与当地的行政审判实际，也纷纷构建各具特色的行政争议化解机制。上海市高级人民法院成立行政争议多元调处中心，并发布《关于进一步完善行政争议实质性解决机制的实施意见》，在全市三级法院设立行政争议多元调处中

[①] 协调化解数据参见报道《优管辖 强审判 重调解——浙江法院促进行政纠纷实质性化解工作纪实》，载《人民法院报》2022 年 8 月 31 日，第 4 版。

心，开展自上而下、法院主导的调解中心建立模式。福建省泉州市泉港区人民法院在当地党委领导下，集合党委、政府、法院、司法、调解组织等各方力量，依托府院良性互动机制，成立由区政府主导的调解工作联席会议和联络员制度，并以"行政发包制"的形式在泉港区各镇和街道设立行政争议调解分中心及调解室，形成异地管辖下的全程全域行政争议调解"泉港模式"，同时依托法官工作室，深化法院与司法局协商共建、诉调对接机制。各地行政争议调解中心（多元调处中心）因地制宜展开探索的鲜活样本不断涌现，成为实质性化解行政争议、推动行政争议诉源治理工作开展不可或缺的实践力量。

二、行政争议调解中心的功能阐释

对中国特色地方试验型法治一体建设模式的内在机理进行法理阐释与实践观照，有助于证成我国法治建设的自主型进路（章志远，2021a）。浙江行政争议调解中心历经自主探索的三个阶段，实践先行做法内蕴丰富，个中经验值得系统总结和提炼。在 2019 年 1 月召开的中央政法工作会议上，习近平总书记提出"坚持把非诉讼纠纷解决机制挺在前面"的科学论断。2019 年 2 月，最高人民法院印发《关于深化人民法院司法体制综合配套改革的意见——人民法院第五个五年改革纲要（2019—2023）》，提出"完善'诉源治理'机制，坚持把非诉讼纠纷解决机制挺在前面，推动从源头上减少诉讼增量"的改革目标。2021 年 2 月，中央全面深化改革委员会第十八次会议审议通过《关于加强诉源治理推动矛盾纠纷源头化解的意见》，强调要坚持和发展新时代"枫桥经验"，把非诉讼纠纷解决机制挺在前面，从源头上减少诉讼增量。浙江行政争议调解中心能够取得诉源治理的预期成效，府院联动的强化、多元力量的整合、配套机制的构建无不助推着法治一体建设目标的实现。为此，有必要立足法治一体建设视角对浙江行政争议调解中心进行功能阐释。

（一）由司法主导到府院互动

在矛盾纠纷化解的图谱中，人民法院行使行政审判权化解纠纷，是参与社会治理最直观的方式（杜前、赵龙，2021）。社会治理模式的创新，蕴含了创新社会矛盾纠纷的化解，而官民矛盾的化解是其主要方面。因此，行政争议化解是法治社会建设的重要问题之一。而社会矛盾的化解，包括官民矛盾化解，本身就是法治社会建设、创新社会治理的题中应有之义。行政审判是对"官民矛盾"的直接处理，法院围绕行政行为的合法性进行审查，但"给说法"式的司法裁判往往难以直接关切当事人实质利益诉求，无法实现所有争议的"一揽子解决"，且容易引发程序空转的现象（危辉星，2022）。在行政争议调解中心出现之前，行政争议的化解主要渠道是通过法院主导的司法途径进行定分止争。尤其是近年来，大量行政争议直接涌入司法领域，司法需求日益增加与司法资源有限短缺之间的既有张力进一步加剧，致使行政审判的司法权威经受动摇。

党的十八大以来，习近平总书记高度重视坚持和发展新时代"枫桥经验"，强调要完善社会矛盾纠纷多元预防调处化解综合机制，切实把矛盾纠纷化解在基层，打造社会综合治理多元主体共同参与的格局。同样发端于浙江的"普陀模式"最早探索解纷主体由法院主导变为多方协同，通过将法院诉讼服务中心入驻区委设立的社会治理综合服务中心（矛调中心），实现了资源的集中配置以及解纷体系的重塑（李占国，2022：10），发挥了纠纷处理集散地、调度站和分流点的作用（最高人民法院，2023），也为后期行政争议调解中心的建设提供了思路。

从人民法院主导下的司法场域转至党委政府领导下的行政争议调解中心，物理空间的移转增进了法院与政府之间的互动对话。在这个多元主体参与的平台内，人民法院的深度嵌入能有效拓宽与政府职能部门的对接渠道，引导行政争议双方共商难题、互通信息、理性探求利益平衡方案。浙江的这一创新之举取得了良好的现实效果，通过召开府院联席会、行政复议与行政审判联席会、行政执法与行政审判例会"三会"的方式，助推府院理性沟通。高规格的府院联席省级会议推动府院良性互动，2021年6月，时任浙江省省长郑栅洁到浙江省高级人民法院召开第十次府院联席会议，系全国首例省长出席的府院联席会议。2021年，全省三级法院与行政机关共召开各类

联席会议 138 次，其中 10 个设区市政府主要领导和中院院长均召开府院联席会议。① "三会"的常态化举行标志着浙江迈入深度府院互动的新阶段，一方面有助于改善法院外部环境，发挥府院互补优势，提升司法效率；另一方面为行政机关提升行政水平、规范行政程序提供必要指引，促进依法行政，助力法治建设。

（二）由事后补救到事前调处

基层作为国家政权与社会接触的一线，是国家权力分布的末梢，也是民众与国家权力体系产生联结的开端。基层在各项环节的基础性地位，最能体现出法治社会建设相对于法治国家、法治政府建设的特殊性（陈柏峰，2019）。习近平总书记指出，"我国国情决定了我们不能成为'诉讼大国'"，"法治建设既要抓末端、治已病，更要抓前端、治未病"，"要推动更多法治力量向引导和疏导端用力"。（习近平，2021）2021 年 11 月，党的十九届六中全会提出将"坚持系统治理、依法治理、综合治理、源头治理"作为一条重要经验。浙江行政争议调解中心发端于基层，在固化推广后又覆盖到全省各基层，充分运用行政争议源头治理的基层智慧，引导纠纷进行事前调处和分流，将矛盾止于未发、解于萌芽、终于始发的理想状态化为现实。

行政争议由事后补救向事前调处这一模式的转变，让法院的身份不再局限于依法审判职能，而是兼具行政争议多元化解体系中源头预防参与者、前端化解引导者和诉非衔接规范者的三重角色（章志远，2023）。行政争议调解中心推动法院的司法力量向矛盾前端延伸，法院通过发挥诉前调解的释明作用，倡导当事人选择如行政调解、行政复议、行政裁决等司法事后救济之外的其他非诉讼纠纷解决渠道，促使自身改变以往单一的、消极被动的"后端处理"角色。法院职能的拓展也取得了行政案件受案量下降的实际效果。据统计，2021 年浙江省一审收案 15297 件，比 2019 年下降 20.91%，比

---

① 统计数据参见《浙江高院 2021 年全省行政案件司法审查情况报告》，载最高人民法院行政审判庭编：《行政审判通讯》2022 年第 8 期。

2020 年下降 0.82%，系全国唯一实现行政诉讼案件数量连续两年下降的省份；一审行政案件人口比（每万人）为 2.24，低于全国平均值，这体现出依法行政水平的提升以及行政争议预防化解工作的深入。[①] 从参与我国法治社会建设的角度而言，法院以积极融入的姿态主动参与矛盾前端化解具有衍生效益。事前调处的优势不限于法院受案压力的减轻，对于行政机关确有错误的行政行为，倘若能借由协调化解的方式敦促行政机关在合法、合理的范围内及时自我纠错，既是对群众合法权益的积极弥补与维护，又能展现以人民为中心的司法理念和价值追求。

（三）由利益对抗到理性沟通

党的二十大报告提出："健全共建共治共享的社会治理制度，提升社会治理效能。在社会基层坚持和发展新时代'枫桥经验'，完善正确处理新形势下人民内部矛盾机制，加强和改进人民信访工作，畅通和规范群众诉求表达、利益协调、权益保障通道。"坚持和发展新时代"枫桥经验"，最重要的就是要坚持党的群众路线，相信群众、依靠群众，不断创新密切联系群众的制度机制，健全矛盾纠纷调处工作机制。就正确处理人民内部矛盾而言，需要最大限度地增加和谐因素，运用法治思维和法治方式畅通社情民意渠道，营造法治环境，疏导群众对抗情绪。和谐是中国特色社会主义的本质属性之一，建设法治社会是构建和谐社会的必然要求。早在浙江工作期间，习近平总书记就明确指出："和谐社会，是民主法治的社会。"构建和谐社会与建设法治社会是有机统一的，同时法治也为社会和谐提供重要保证（习近平，2006）。实现社会和谐，正是法治社会建设的重要表征和价值目标。

行政争议的事前调处机制具备坚实的法治民意基础和传统文化根基。中国自古以来推崇"和为贵"的传统美德，倡导息事避讼。在许多情况下，行政审判程序中诉讼两造的对立地位会增加双方的对抗情绪，即使是在表面上排除了冲突所引起的社会障碍，也难以消除主体心理上的利益对抗，甚至

---

① 统计数据参见《浙江高院 2021 年全省行政案件司法审查情况报告》，载最高人民法院行政审判庭编：《行政审判通讯》2022 年第 8 期。

是在诉讼程序之外异化为双方后续的长期对抗，这在纯粹行政争议、行政与民事争议交织的案件中尤为明显。"民告官"的行政诉讼事实上并非民众所期望面对的结局。因此，对尚未处于诉讼系属之下的行政争议进行事前调解可以直面当事人真实诉求，跨越司法裁判的程序性阻碍，有效弥补当事人损失（危辉星，2022）。浙江行政争议调解中心的做法让官民双方的和谐、理性沟通成为现实，以诉前调解或协调撤诉的方式定分止争，既让当事人一方守住了利益弥补的"里子"，又让政府一方保住了行政效率的"面子"，对于消弭争议双方的矛盾根源、避免矛盾的演化升级、促进双方达成共赢局面颇有裨益。

三、行政争议调解中心的发展进路

《法治政府建设实施纲要（2021—2025年）》提出"坚持将矛盾纠纷化解在萌芽状态、化解在基层""推动诉源治理"的建设目标。社会的持续变迁与纠纷的复杂多样，决定了加强诉源治理、构建更加科学合理的纠纷解决体系不可能一蹴而就。从"诉讼中心主义"转向"诉讼与非诉并行主义"是对解纷体系的一次重塑，坚持把非诉讼纠纷解决机制挺在前面，完善预防性法律制度，探索纠纷预防化解的中国模式与调解的"东方经验"是初衷和追求（李占国，2022）。在行政争议调解中心实现快速发展的同时，也需要回应行政诉讼受案量持续走低、高协调化解率背后的现实隐忧。行政争议调解中心的未来发展之路需要坚持法治底线，恪守自愿、合法的诉前调解基本原则，坚持司法对诉前调解协议的审查，完善诉前调解与立案登记制的衔接是应当重点思考的问题。

（一）恪守自愿、合法的诉前调解基本原则

自愿、合法的原则是诉前调解应当坚持的基本原则。双方自愿达成调解合意具有程序上的重要意义，基于棚濑孝雄所提的"二重获得合意"之理论框架，"纠纷处理的开始和最终解决方案的提示这两个阶段，都必须获得当事者的合意"，此为审判外的纠纷处理方式与审判之间的本质区别（棚濑

孝雄，2004：79）。从规范层面观之，我国现行法律和司法解释没有对行政争议的调解前置制度作出规定，各类纠纷解决方式尚不存在强制性递进关系，亦未设置当事人拒绝调解可能承担的不利后果，故应当承认当事人具有诉前调解的程序选择权。2021 年 5 月，最高人民法院印发《关于推进行政诉讼程序繁简分流改革的意见》（以下简称《行政诉讼繁简分流意见》），首次将诉前调解的范围扩大到"行政诉讼法规定可以调解的案件、行政相对人要求和解的案件，或者通过和解方式处理更有利于实质性化解行政争议的案件"。2022 年 1 月，《最高人民法院关于进一步推进行政争议多元化解工作的意见》（以下简称《行政争议多元化解意见》）明确将行政诉讼中的调解前置于诉前程序中，是对诉前调解形式合法性的补强。调解在行政诉讼中的地位变迁，经过了从"立法否定—司法变通"到"立法肯定—司法谦抑"的曲折发展过程（章志远，2021b）。出于实质性解决行政争议和源头化解矛盾的现实考量，法院在立案前积极引导当事人选择诉前调解、主动发挥释明作用将助益良多，可向当事人发放诉前调解程序确认书并介绍诉前调解的功能与优势，应以当事人同意与否来决定选择诉前调解或启动依法立案程序。

诉前调解的合法性问题也有待论证，开展诉前调解工作的限度存在着现实张力。就调解的过程而言，行政争议调解中心的工作必须要在合法的范畴内进行，既不能为追求调解结案之目的，而要求行政机关突破政策底线改变原行政行为，走向"泛化协调"的极端；也不能以坚持底线为由僵化保守，而不研究政策容许的协调空间，对行政相对人的正当诉求和实质权益置若罔闻，陷入"拒绝调解"的困境。以行政争议调解中心的实践经验来看，法院在实际个案调解中仍会面临不少难题。比如，因行政机关的可裁量权范围尚未规定明确的衡量标准，不同主体对裁量范围产生不同的解读与认知，致使调解难度陡增。又如，法院考虑到行政相对人的实际困难，认为案件存在调解空间，而行政机关却自认为超越其裁量权限，法院的动机是片面追求自身的协调化解率；反之亦然，行政相对人误以为法院暗中支持行政机关的情形也屡见不鲜，致使双方矛盾加剧、调解无能。对此，在遵循自愿、合法的

前提下，细化并明确调解和协调化解的规范以供各方主体参考，值得行政争议调解中心进一步探索。

（二）坚持司法对诉前调解协议的审查

《行政诉讼繁简分流意见》规定："经诉前调解达成和解协议，当事人共同申请司法确认的，人民法院可以依法确认和解协议效力，出具行政诉前调解书。"《行政争议多元化解意见》则明确赋予了当事人申请司法确认调解协议的权利，"经诉前调解达成调解协议，当事人可以自调解协议生效之日起三十日内，共同向对调解协议所涉行政争议有管辖权的人民法院申请司法确认。人民法院应当依照行政诉讼法第六十条规定进行审查，调解协议符合法律规定的，出具行政诉前调解书"。由此可见，上述规定依旧保留了法院对诉前调解协议进行审查的权力。行政诉前调解书内容的合法性经由法院司法确认，也是对诉前调解活动仍须坚持以司法为中心理念的贯彻。

"在合意的形式中存在诱导、强制等契机的现象，并不单纯只是民事调停的弊病。"（棚濑孝雄，2004：81）就所达成的诉前调解协议内容而言，依据《行政诉讼法》第六十条的规定，其内容不能侵害国家利益、社会公共利益，不能侵害案外第三人利益，不能违背当事人真实意思，不能违反法律、行政法规的禁止性规定。在行政诉前调解协议的司法确认审查中，应当体现"以形式性审查为主、实质性审查为辅"的原则。尤其对以下几个方面的内容应当集中进行审查：一是恶意串通调解、虚假调解的行为；二是重大且明显违法的情形；三是司法确认内容不明确、不具有可执行性的情况（梁凤云、陈默，2022）。反之，法院应当裁定驳回当事人司法确认调解协议申请。

行政诉前调解协议的达成，意味着行政争议双方对该处理结果的一种肯认。经司法确认后由法院出具的行政诉前调解书则更具有可视正义，对不同主体会产生正式的影响。站在司法立场，将影响法院对于类似行政案件的审理思路，尤其是涉及群体性行政争议的，行政诉前调解协议对其他相似争议处理方式的影响不容小觑。站在行政机关立场，行政诉前调解书将对行政机关之后类似争议的行政裁量和判断产生一定影响，这也能从侧面揭示坚持司法对行政诉前调解协议审查的重要性。《行政争议多元化解意见》并未"照搬适用"民事诉讼法中的司法确认和强制执行程序，也没有将行政诉前调解书直接作为申请强制执行的依据，如何完善行政诉前调解与司法确认的程序值得实践进一步探索。

（三）完善诉前调解与立案登记制的衔接

建立非诉讼解决方式与诉讼程序之间的实质性衔接机制，有助于弥补行政争议诉前调解在法律规范上的供给不足，让法院在诉前调解和司法程序中的角色转换更为灵活，使行政争议多元化解的图景更加立体。有质疑者认为，诉前调解并未动用正式的司法审判资源，其实效难以保证，可能变相成为法院延迟立案的"蓄水池"。针对诉前调解违背自愿、合法原则，发生影响当事人诉权正当行使等情形，构建及时止损的调解退出机制、衔接顺畅的立案登记程序颇为必要。《行政诉讼繁简分流意见》第六条第二、三款指明："当事人拒绝调解或者未达成和解协议，符合法定立案条件的，人民法院应当依法及时登记立案。立案后，经调解当事人申请撤诉，人民法院审查认为符合法律规定的，依法作出准予撤诉的裁定。"及时有效的终止调解措施能消减对当事人权利义务的影响，将行政争议导入法院行政诉讼程序之中。为避免双方"久调不决"的尴尬局面，行政争议诉前调解期限应当作出相应规定，浙江省各级行政争议中心普遍将这一期限确定为三十日。由于诉前调解经过送达起诉状副本、行政机关确定委托代理人等相关程序后，往往已经耗费了十余天，虑及当事人的程序选择权与保障司法效率等因素，三十日到期后，如果双方当事人书面同意延长调解期限的，应当可以延长调解期限。

以实践的维度观之，除当事人主观因素外，诉非衔接的关键在于法院对立案环节审查程度的把控。行政诉讼在实施立案登记制前长期存在"起诉难"问题，有的地方为限制受理行政案件，形成了一些"立案潜规则"，少数法院对当事人的起诉态度是既不立案也不作出驳回起诉的裁定，在立案受理问题上游离于《行政诉讼法》的条文规定之外，形成行政诉讼的"立案政治学"（汪庆华，2007）。2015年通过的《关于人民法院推行立案登记制改革的意见》指出，改革法院案件受理制度，变立案审查制为立案登记制，对人民法院依

法应该受理的案件，做到有案必立、有诉必理，保障当事人诉权。

立案登记制实施至今，在规范立案程序、提高立案率、保障当事人诉权行使等方面发挥了积极作用，但立案条件的不明、起诉条件与诉讼要件的混同，致使出现起诉"高阶化"的现象（杨寅、李晓，2018）。虽然起诉条件"高阶化"问题在民事诉讼中也同样存在，但是行政诉讼中权力和权利复杂交织，使得行政起诉"高阶化"成为饱受诟病的话题。在审理行政行为合法性等实体问题之前，法院需要首先完成对是否符合起诉条件的审查。对起诉条件的审查从简单的形式审查变成立案阶段提前进行的实质审查，因听取双方当事人意见等保障程序的暂付阙如，使得法院能够人为设置高起诉门槛将其拒之门外。"立审分离"改革背景下设置的立案庭实则承担起部分审判职能，对起诉状的审查远已超出了形式审查的范畴（梁君瑜，2016），将本该后置的诉讼要件乃至本案胜诉要件均纳入起诉要件审查行列，以致立案难度不断攀升，无形中增添了当事人的诉累。

"登记立案"并未从实质上改变先前"立案审查制"的思维惯性，暗含着立案审查制的内核，已然背离原本化解"立案难"的改革方向（梁君瑜，2017）。为缓和诉前调解与立案登记制之间的紧张关系，亟待降低行政诉讼的立案门槛，起诉条件的"去高阶化"势在必行。一方面，有必要明确立案登记制的应有构造，有效避免法院"未立先审"情形，恢复正常的行政诉判关系，顺畅诉非衔接程序，消弭对权利救济的阻隔。另一方面，立案登记制应适当做一些"减法"改良，剥离现行法规定的"起诉条件"中本属于诉讼要件、本案要件的内容，将这两部分置于立案之后的阶段进行审查，让法院在立案阶段仅审查起诉状中是否包含必要记载事项，且审查方式限于形式核对，实现起诉条件的"低阶化"回归。

四、结语

司法谦抑与能动司法、争议化解与依法裁判、服务大局与权利救济之间的争论与弥合始终未止（章志远，2021c），行政争议调解中心因应诉源治理的创新举措如何发展是仍需回答的实践之问。倡导诉前调解，"必须以一个

强健的司法体系为前提，以法院能够确保依法判决为后盾"（何海波，
2022：556）。从价值位阶的角度出发，无论是起诉条件设置的合理性抑或是
诉前调解的正当性问题，有效化解官民矛盾、实质性解决行政争议、构建科
学合理的纠纷化解体系以服务大局，才是更高层次的价值追求。行政审判实务
中易将行政意志和客观法秩序置于重要的法价值予以维护，是秩序行政思维的
体现（殷勤，2022），而"高阶化"的起诉条件、诉非衔接程序转化的困难，
并不符合行政诉讼的立法初衷。只有让当事人尽快从行政争议中终局性地解
放出来，才有助于其权益更好实现和社会更好发展，实现社会对司法权力行
使的要求和期待，助推法治国家、法治政府、法治社会一体建设的进程。

参考文献：

陈柏峰，2019，《中国法治社会的结构及其运行机制》，《中国社会科学》第
　1 期。

杜前、赵龙，2021，《诉源治理视域下人民法院参与社会治理现代化的功能
　要素和路径构建》，《中国应用法学》第 5 期。

何海波，2022，《行政诉讼法》（第 3 版），法律出版社。

李占国，2022，《诉源治理的理论、实践及发展方向》，《法律适用》第
　10 期。

梁凤云、陈默，2022，《行政争议诉前调解的功能定位和制度设想》，《中国
　应用法学》第 2 期。

梁君瑜，2016，《我国行政诉讼立案登记制的实质意涵与应然面向》，《行政
　法学研究》第 6 期。

梁君瑜，2017，《行政诉权本质之辨：学术史梳理、观念重构与逻辑证成》，
　《政治与法律》第 11 期。

[日] 棚濑孝雄，2004，《纠纷的解决与审判制度》，王亚新译，中国政法大
　学出版社。

汪庆华，2007，《中国行政诉讼：多中心主义的司法》，《中外法学》第
　5 期。

危辉星，2022，《构建实质性化解行政争议协同治理新体系的思考》，《人民法院报》2022年12月29日，第5版。

习近平，2006，《干在实处　走在前列——推进浙江新发展的思考与实践》，中共中央党校出版社。

习近平，2021，《坚定不移走中国特色社会主义法治道路　为全面建设社会主义现代化国家提供有力法治保障》，《求是》第5期。

杨寅、李晓，2018，《行政诉讼立案登记制的成效与完善》，《行政法学研究》第2期。

殷勤，2022，《严格起诉条件审查对行政诉判关系的影响与矫正》，《人民司法》第1期。

章志远，2021a，《法治一体建设地方试验型模式研究》，《中共中央党校（国家行政学院）学报》第2期。

章志远，2021b，《作为行政争议实质性解决补充机制的司法调解》，《学习与探索》第12期。

章志远，2021c，《新时代行政审判因应诉源治理之道》，《法学研究》第3期。

章志远，2023，《人民法院在行政争议多元化解体系中的角色定位》，《学习与探索》第1期。

最高人民法院，2023，《中国法院的司法改革（2013—2022）》，人民法院出版社。

The Exploration of Administrative Dispute Mediation Center in Zhejiang Province

Zhang Zhiyuan　　Chen Jiawen

Abstract：The construction of administrative dispute mediation center promoted by multiple subjects contains the internal mechanism of the integrated construction of the country, the government and the society under the rule of law. The administrative dispute mediation center, which originated in Zhejiang Province, provides a typical sample for exploring the local experiment mode in the integrated construction of rule of law, in accordance with the guideline of "led by Party committee, organized by government, guided by court and supervised by judicial organ". Going through three periods of development of "pilot first, steady progress, covering the whole province", the administrative dispute mediation center has achieved three functional changes: from court dominance to government-court interaction, from after-remedy to pre-mediation, and from interest confrontation to rational communication. While the mediation center actively facilitates and pursues the goal of the source of complaint governance, it should adhere to the general principle of voluntary and legitimate pre-litigation mediation, retain the judicial review power of pre-litigation mediation agreement, and perfect the connection mechanism between pre-litigation mediation and the registration system for case docket. This is also the inevitable course to develop the administrative dispute mediation center in the future.

Keywords: Administrative dispute mediation center, Pre-litigation mediation, Source of complaint Governance, Government-court interaction, Litigation and non-litigation connecting

市场性失信惩戒的治理逻辑及制度展望[*]

□ 蒋都都　申江华^{**}

摘要： 市场性失信惩戒是社会信用治理体系中的关键一环，但关于市场性失信惩戒的理论研究较少，现有研究存在概念不清、内涵混乱、外延狭隘等问题。市场性失信惩戒作为市场自我治理的一种方式，应定义为市场主体以可获取的市场信用信息为基础，在市场机制的自发运行中，选择信用良好的个体进行市场决策、市场经营、市场管理等市场活动，进而使失信个体受到经济上不利益的失信惩戒机制。其治理逻辑是市场主体根据信用信息对主观认定的失信者拒绝交易、要求其提供担保等惩戒行为，进而使失信者受到经济上的不利益。其制度构建，应回归私法自治的基本定位，建立以信用信息体系为核心的失信惩戒机制。

关键词： 市场性失信惩戒　概念　运行机制　私法自治　信用信息机制

一、市场性失信惩戒的立法概览与现有研究述评

（一）市场性失信惩戒的立法实践

市场性失信惩戒是社会信用体系失信惩戒机制的重要类型之一，其第一次被提出是在《社会信用体系建设规划纲要（2014—2020年）》（以下简称

* 基金项目：2021年度司法部法治建设与法学理论研究部级科研项目"社会信用体系地方实践的行政法规制"（21SFB4029）；湖南省哲学社会科学基金青年项目"社会信用法的理论体系建构"（19YBQ098）。

** 作者简介：蒋都都，博士，硕士研究生导师，现任职于湘潭大学信用风险管理学院；
申江华，湘潭大学信用风险管理学院研究助理。

《纲要》）中。《纲要》规定："推动形成市场性约束和惩戒。制定信用基准性评价指标体系和评价方法，完善失信信息记录和披露制度，使失信者在市场交易中受到制约。"点明市场性失信惩戒的目的是制约失信者的市场交易，对其经济交易、民商事行为做出限制。之后在《国务院关于建立完善守信联合激励和失信联合惩戒制度加快推进社会诚信建设的指导意见》（以下简称《指导意见》）中提出要"加强对失信行为的市场性约束和惩戒"，对市场性失信惩戒的具体措施行为类型作出了指导性规定。

在国务院《纲要》印发后，各地开始着手制定有关社会信用建设的规范性文件，对市场性失信惩戒作出了规范层面的规定。在地方性法规层面，截至2023年3月22日，目前共有33部地方性法规公布出台，且都已生效实施。除26个省级行政区（包括海南自由贸易港）为社会信用建设出台了地方性法规外，另有一些设区的市也制定了当地的社会信用条例，分别是泰州市、宿迁市、南京市、四平市、哈尔滨市、克拉玛依市、厦门经济特区。这33部地方性法规中，除《哈尔滨市社会信用体系建设促进条例》《四平市社会信用条例》《重庆市社会信用条例》《山西省社会信用条例》《云南省社会信用条例》外，其余共有28部地方性法规规定了市场性失信惩戒相关内容。

对于市场性失信惩戒的规范内容，按照侧重点不同可分为三类。第一类是直接明确规定了市场性失信惩戒的措施，如《上海市社会信用条例》第二十六条，类似《上海市社会信用条例》的内容，规定市场主体在交易中可对失信主体采取提高成本、取消优惠、提高保证金等手段的地方性法规，共有18部。第二类是鼓励市场主体在市场交易中应用社会信用信息或公共信用信息，如《吉林省社会信用条例》第二十八条，有18部地方性法规如此规定。该内容或单独规定在法条中或与第一类内容结合，虽未直接规定惩戒措施，但点明了市场性失信惩戒与信用信息的关系。市场主体就是利用社会信用信息或者公共信用信息，对交易主体作出信用评价后而决定是否采取惩戒措施。应用信用信息是市场性失信惩戒的前置必要方式；同时，也点明了市场性失信惩戒的作用，即提高交易安全、防范信用风险。第三类则是禁止性规定，即规定行政机关不得强制推动市场性失信惩戒，如《江西省社会信用条

例》第四十二条规定"任何单位不得强制要求金融机构、信用服务机构、行业协会、新闻媒体等惩戒失信主体"。如此规定的还有《广东省社会信用条例》第三十八条第二款①。该种规定明确不能强制要求金融机构进行失信惩戒,体现了对市场主体自主决策、市场自由交易的尊重,也点明了私法类失信惩戒与公法类失信惩戒最大的不同点。具体如表1所示。

表1　市场性失信惩戒地方立法模式

规范模式	示例	地方性法规
直接明确规定市场性失信惩戒的措施,如提高成本、取消优惠、提高保证金等手段	"鼓励市场主体根据信息主体的信用状况,对守信主体采取优惠便利、增加交易机会等降低市场交易成本的措施;对失信主体采取取消优惠、提高保证金等增加交易成本的措施。鼓励金融机构对守信主体在融资授信、利率费率、还款方式等方面给予优惠或者便利;鼓励金融机构按照风险定价方法,对失信主体提高贷款利率和财产保险费率,或者限制向其提供贷款、保荐、承销、保险等服务。"②	如此规定的有《上海市社会信用条例》《浙江省公共信用信息管理条例》《河北省社会信用信息条例》《宿迁市社会信用条例》《厦门经济特区社会信用条例》《河南省社会信用条例》《南京市社会信用条例》《山东省社会信用条例》《辽宁省公共信用信息管理条例》《天津市社会信用条例》《江苏省社会信用条例》《辽宁省社会信用条例》《甘肃省社会信用条例》《陕西省社会信用条例》《黑龙江省社会信用条例》《湖南省社会信用条例》《贵州省社会信用条例》《克拉玛依市社会信用条例》18部地方性法规
规定鼓励市场主体在市场交易中应用社会信用信息或公共信用信息	"鼓励市场主体在生产经营、市场交易等活动中使用社会信用信息和信用评价结果,防范交易风险。"③	如此规定的有《泰州市公共信用信息条例》《湖北省社会信用信息管理条例》《上海市社会信用条例》《宿迁市社会信用条例》《河南省社会信用条例》《南京市社会信用条例》《辽宁省公共信用信息管理条例》《青海省公共信用信息条例》《广东省社会信用条例》《内蒙古自治区公共信用信息管理条例》《江苏省社会信用条例》《吉林省社会信用条例》《海南自由贸易港社会信用条例》《甘肃省社会信用条例》《陕西省社会信用条例》《湖南省社会信用条例》《贵州省社会信用条例》《克拉玛依市社会信用条例》18部地方性法规
规定市场性失信惩戒不能强制进行	"任何单位不得强制要求金融机构、信用服务机构、行业协会、新闻媒体等惩戒失信主体。"④	如此规定的有《江西省社会信用条例》《广东省社会信用条例》

① 《广东省社会信用条例》第三十八条第二款:"任何单位不得强制要求金融机构、信用服务机构、行业协会商会、新闻媒体等惩戒失信主体。"
② 《上海市社会信用条例》第二十六条第二、三款。
③ 《吉林省社会信用条例》第二十八条。
④ 《江西省社会信用条例》第四十二条。

虽然地方立法从不同侧重点对市场性失信惩戒作出了规定，也使理论研究有了一定实践基础，但对于市场性失信惩戒的基本概念、理论构成要件、运行原理以及正当性基础等基础理论都缺乏规定，也难以从法条规范中直接得出。同时，各地出台的地方性法规中的内容与国务院下发的文件中的内容存在差异。《指导意见》中提出要"加强对失信行为的市场性约束和惩戒"，"对有履行能力但拒不履行的严重失信主体实施限制出境和限制购买不动产、乘坐飞机、乘坐高等级列车和席次、旅游度假、入住星级以上宾馆及其他高消费行为等措施"。该文件认为对失信人采取限制出境和限制高消费措施属于市场性失信惩戒，与地方立法中规定的提高交易成本、提高保证金、增加融资难度等存在差异，且实践中两种不同的措施的惩戒启动主体也不同，一方是法院，一方是市场主体。

（二）市场性失信惩戒的实践与研究述评

1. 概念定义不清、内涵含糊、外延不清

关于市场性失信惩戒的定义，已有学者论及，但总体研究基底浅薄，缺乏系统论证，致使概念含糊。王伟认为市场性失信惩戒是在市场交易中，交易对手对失信主体实施的拒绝交易、提高交易条件等方面的惩戒，并举例商业银行对借款人、保险公司对保单持有人实施的信用惩戒（王伟，2019）。陈文清与姚一凡认为"市场性惩戒是一种市场自发的、以征信机构的信用记录和信用报告为载体的惩戒形式"（陈文清、姚一凡，2021）。史玉琼认为市场性惩戒"是由金融、商业和社会服务机构做出，通过查询公共信用信息和购买社会化征信机构的信用报告，对信用记录好的企业和个人，给予优惠和便利；对信用记录不好的企业和个人，给予发展空间的严格限制，增加企业或个人的交易成本，使其失去发展机会"（史玉琼，2018）的一种失信惩戒措施。林英杰认为市场性失信惩戒又可以称为经济价值惩戒，使失信者因处罚而遭受的损失远远大于从失信行为中获得的利益，即失信者的期望收益小于期望成本，其效果是要在相当长的受罚期间内，使失信企业或个人不能进入市场经济的主流，加大失信企业或个人的经营成本（林英杰，2009）。李锋认为市场性失信惩戒的含义就是市场中经济活动的参与者，在市场的监

管下，会由于其行为是否符合信用奖惩的评价标准，受到来自市场的约束，对失信的企业或者公民实行惩罚性约束，比如提高市场准入条件、减少金融机构贷款等（李锋，2017）。

尽管学者对市场性失信惩戒进行了陈述性定义，但多是在文章论及失信惩戒措施类型时略带解释，一笔带过。缺乏对市场性失信惩戒概念的厘定，多是以列举方式或者对该种惩戒措施行为描述性的堆叠，来界定市场性失信惩戒的含义，对概念的内涵外延界定不清。总体而言，到目前为止，各学者对市场性失信惩戒界定重点不一，概念模糊混乱，关于内涵、性质等本质属性的研究也罕有，加之规范文件对其概念内涵也未提及，这使得对市场性失信惩戒的后续研究艰涩困难。

对于市场性失信惩戒的外延，大多数学者认为市场性失信惩戒就是拒绝交易、提高交易门槛、减少融资等手段，对于市场性失信惩戒的外延认知较为狭隘，排除了其他利用信用信息进行的市场活动。目前市场性失信惩戒的实践较少，市场主体对于市场性失信惩戒运用较少，信用市场处于发育状态，各种信用行业处于新兴态势，多集中在金融征信领域，市场信用服务不健全。学者应当走在实践孕育之前，提出利用信用信息、信用产品、信用市场的其他市场性失信惩戒方法，为市场性失信惩戒建设理论环境。

2. 构成要件不明

目前，关于市场性失信惩戒构成要件的学术探讨几近于无。截至 2022 年 1 月 8 日，在中国知网上以"失信惩戒"为关键词检索到的 CSSCI 学术论文共有 47 篇。法学领域共有 28 篇，大多从行政法角度对失信惩戒的问题、制度属性、法律解决方式展开了研究（门中敬，2021；张晓莹，2019；柯林霞，2021），或对失信惩戒进行类型化研究，如王伟在《失信惩戒的类型化规制研究——兼论社会信用法的规则设计》一文中，论及市场性失信惩戒时对其概念和权源做了简单阐述。目前已有研究缺乏对市场性失信惩戒的关注，对于失信惩戒的研究也甚少关注其构成要件，更何谈对市场性失信惩戒构成要件的分析。

国务院近几年发布的信用指导文件中，对于市场性失信惩戒的构成要件指引不明，反增混淆。有关社会信用体系建设的中央层面发文较多①，共有5部，其中涉及失信惩戒的有4部，涉及市场性失信惩戒相关内容的有2部，分别是《纲要》②与指导意见③，其对市场性失信惩戒的措施作出了列举，提出了具体的行为目标，但对市场性失信惩戒的构成要件缺乏指引。另外，在《指导意见》中提出了诸如限制出境、限制购买不动产、限制高消费等惩戒措施。这些措施是行政机关或司法机关主导发起的，属于公法类失信惩戒，并非市场性失信惩戒的具体措施，混淆了公权力惩戒与私法领域惩戒之间的区别。

不仅难以从学术论文和中央文件中窥得市场性失信惩戒的理论构成要件，因市场性失信惩戒在我国市场中发育迟缓，运行欠妥，也无法从实践中提炼出市场性失信惩戒实然的构成全貌，致使目前市场性失信惩戒的理论构成要件不明晰，不利于对其展开深入研究，亦无法对市场实践给予理论指导。且因官方文件中将市场性失信惩戒与行政性失信惩戒混淆，加之我国社会信用体系是以"行政机关主导"的建设模式，若不能在理论上明晰市场性失信惩戒的构成要件，行政机关很容易将公权力惩戒的措施、理论、模

---

① 截至2022年10月7日，关于社会信用体系建设的文件有《国务院关于印发社会信用体系建设规划纲要（2014—2020年）的通知》（国发〔2014〕21号）、《国务院关于批转发展改革委等部门法人和其他组织统一社会信用代码制度建设总体方案的通知》（国发〔2015〕33号）、《国务院办公厅关于运用大数据加强对市场主体服务和监管的若干意见》（国办发〔2015〕51号）、《国务院关于建立完善守信联合激励和失信联合惩戒制度加快推进社会诚信建设的指导意见》（国发〔2016〕33号）、《国务院办公厅关于进一步完善失信约束制度构建诚信建设长效机制的指导意见》（国办发〔2020〕49号）。

② 《国务院关于印发社会信用体系建设规划纲要（2014—2020年）的通知》（国发〔2014〕21号）中规定"推动形成市场性约束和惩戒。制定信用基准性评价指标体系和评价方法，完善失信信息记录和披露制度，使失信者在市场交易中受到制约"。

③ 《国务院关于建立完善守信联合激励和失信联合惩戒制度加快推进社会诚信建设的指导意见》（国发〔2016〕33号）中规定"加强对失信行为的市场性约束和惩戒。对严重失信主体，有关部门和机构应以统一社会信用代码为索引，及时公开披露相关信息，便于市场识别失信行为，防范信用风险。督促有关企业和个人履行法定义务，对有履行能力但拒不履行的严重失信主体实施限制出境和限制购买不动产、乘坐飞机、乘坐高等级列车和席次、旅游度假、入住星级以上宾馆及其他高消费行为等措施。支持征信机构采集严重失信行为信息，纳入信用记录和信用报告。引导商业银行、证券期货经营机构、保险公司等金融机构按照风险定价原则，对严重失信主体提高贷款利率和财产保险费率，或者限制向其提供贷款、保荐、承销、保险等服务"。

型、机制套用在市场性失信惩戒建设中，破坏市场自主运转的机制，损害市场主体的权益。

二、作为市场治理的市场性失信惩戒之概念厘清

市场性失信惩戒是在社会信用体系构建中所使用到的概念，为确保社会信用体系构建的有效性和社会信用立法的科学性，有必要用法学研究的方法确定市场性失信惩戒的含义，对其内涵与外延进行确证或具体化。

（一）市场性失信惩戒的内涵

"内涵是指概念所反映对象的本质属性，外延是指具有概念所反映本质属性的对象。内涵和外延相结合构成概念的内容。"（张智光，1993）所以，确定市场性失信惩戒的概念，首先就是明确市场性失信惩戒的内涵，即该语词核心本质的属性，不可替代、不可缺少的特征。

市场性失信惩戒是2016年《指导意见》中所提出的失信惩戒方式之一，除此之外还有行政性失信惩戒、司法性失信惩戒、行业性失信惩戒和社会性失信惩戒。与其他失信惩戒方式相比，市场性失信惩戒不可替代、不可缺少的本质属性是其"市场性"特征，因而"市场性"是厘清"市场性失信惩戒"概念内涵的基础。

首先，市场性具有自发性特点。西方古典经济学家亚当·斯密认为，市场秩序是在人的自利本性和市场逻辑的作用下自然达成的。在市场机制这个"看不见的手"的作用下，形成自发调节的经济运行系统（亚当·斯密，2008）。同样，哈耶克指出，自由是人性中的第二秉性，它不仅"构成了我们理解经济生活的基础，而且也为我们理解大多数真正的社会现象奠定了一个基础"（哈耶克，2003）。市场的本质是自由，市场秩序是不受国家干预自行建立起来的自发秩序，是一种以市场自发调节机制为基础来进行配置资源的社会秩序。亚当·斯密和哈耶克等都将自发性视为市场经济的本质属性，认为是市场自发自觉地在市场主体之间形成了某种市场秩序，这种秩序是良好的、优越的、适应社会发展的、可以达到社会总体利益最大化效果。

同时，国家也不应该对市场关系进行干预，市场经济具有自主性，应当使其不受限制地进行运作。市场的自发性特点，决定了市场性失信惩戒应当是市场主体按照市场自发形成的市场秩序，理性、自发、自觉地在市场活动中实施的行为。

其次，市场性具有建构性特点。市场经济的本质是嵌入性或者建构性，市场经济的形成与发展不是市场自我发展的结果，而是政府与其他社会力量共同作用的结果。所以，"政府的主要责任在于使市场经济成为一种实现社会平等与社会公正的善业"（马良灿，2013）。市场经济必须嵌入法律、政治制度、道德之中，受制于人伦关系、社群伦理和制度环境的调整。市场经济得以存续的前提并不是市场自发运动的结果，而是国家政治力量的推动使然。市场经济的建构性观点在法学研究领域则演变为法的规范制约性特点。按照绝对的市场建构性观点，法律应当对市场活动进行绝对控制，国家利用法律干预、指导市场的发育形成，忽视甚至抑制市场内生的秩序规则。但是，在法学研究中，一般认为，市场自发性与法的规范制约性是有机统一的（贺晓荣，1994）。法律规范以其公开、概括和国家强制等特征，成为商品交换秩序形成的主要依托。例如，商品交换过程中最主要的主体平等和交换自由等原则，都必须利用民商法予以确认。因此，建构性要求在承认市场"缺陷"的基础上，对于依靠市场机制的自发运行难以解决的问题需要法律"插手"以弥补市场的不足。

在市场性失信惩戒的语境下的"市场性"，也应当具备自发性与建构性特点。结合前述论证，自发性特征是"市场性"的核心本质含义，是内涵的"不可替代、不可缺少"的要素；建构性特点则是市场性失信惩戒的外围影响因素，在承认市场自发性决定作用的基础上，运用法律外部机制弥补市场失灵，维护市场秩序。

结合"市场性"特征的本质内涵与"失信惩戒"的一般含义（李锋，2017），可将市场性失信惩戒的概念界定为，市场主体以可获取的市场信用信息为基础，在市场机制的自发运行中，选择信用良好的个体进行市场决策、市场经营、市场管理等市场活动，进而使失信个体受到经济上不利益的

失信惩戒机制。

（二）市场性失信惩戒的外延

"概念的内涵和外延是辩证统一的。只有明确概念的内涵，才能确切规定概念的外延，否则，就不能界定哪些对象属于概念的外延，或概念应有多大的外延。"（张智光，1993）在明确了市场性失信惩戒的内涵以后，才可以根据其内涵的实质要素确定其外延。

符合市场性失信惩戒内涵的措施应当是在市场环境中，市场主体自发自觉地利用信用信息与信用产品对市场失信者作出的不违反法律法规的不利益行为，包括：其一，市场主体在进行交易时选择信用良好的交易主体签订合同；其二，当事人在约定合同内容时，对信用状况差的一方作出更多的限制条款；其三，金融机构对外进行放款时，对于信用状况差的融资对象，不对其放款或者增加抵押要求等；其四，市场用人单位在任职条件方面增加信用因素，选择聘用信用状况好的应聘者；其五，企业或者其他市场主体在不违反法律并征得相对方同意的前提下，在章程、客户须知或者是合同约定中自行规定或者约定其他惩戒措施等。这些市场主体的措施手段即市场性失信惩戒的外延。

"外延（Extension）是一个概念对应的客体的总和。"我们可以认为，上述内容是外延的一部分，我们并不能找到所有的外延内容，但是可以根据概念的含义判断该项是否属于外延。《纲要》中规定"推动形成市场性约束和惩戒……完善失信信息记录和披露制度，使失信者在市场交易中受到制约"。其中，失信信息的记录与披露并不是市场性失信惩戒措施，市场主体利用记录和披露的失信信息对失信人作出的不利益行为才属于市场性失信惩戒。单纯的失信信息记录与披露是市场性失信惩戒手段的中介或者依据。同样，2016年《指导意见》中提到的惩戒方法，也不全属于市场性失信惩戒的外延。在该文件中，关于"加强对失信行为的市场性约束和惩戒"中提到，对"严重失信主体实施限制出境和限制购买不动产、乘坐飞机、乘坐高等级列车和席次、旅游度假、入住星级以上宾馆及其他高消费行为等措施"。限制出境与限制购买不动产的实施主体是行政机关，系行政机关利用公权力对失信人进行限制，不属于市场性失信惩戒的外延。

三、市场性失信惩戒的运行逻辑与正当性基础

任何一项机制都不是凭空而来的，其建立有其深层的社会原因与经济原因。探究市场性失信惩戒的理论基础，分析其存在的必要性与内在理论支撑，不仅是确定该机制概念性质的前置条件，也是深入理解该机制的必然要求。

（一）博弈论：降低行为人的失信动机

博弈论是指理性经济人在特定的环境下，在一定的规则约束下，从各种备选策略中选择有利于实现自己利益最大化和既定目标的策略加以实施，并取得相应的收益或者结果的全过程。在博弈论的视角中，每个人都是理性经济人，在进行一次性交易时，会产生经典的"囚徒困境"现象，即交易主体都会选择违约，因为这样会给自己带来更大的收益。"但在重复博弈中，交易双方可以通过'以牙还牙'的报复措施或是一个可置信的威胁给予失信者严厉的惩罚，从而达到失信惩戒的目的。"

博弈论之所以可以成为市场性失信惩戒建立的理论基础，是因为市场性失信惩戒在一定程度上可以破解"囚徒困境"的难题，在一次性博弈中出现的失信行为将会减少。在复杂的社会经济环境中存在大量的一次性交易，由于信息不对称，市场主体都倾向于利用自身优势为自己谋取最大化利益，很容易产生失信行为。但如果该失信者的信息可以以较低成本迅速传播，失信者因担心声誉受损而导致未来其他交易的终止，会采取守信的博弈策略。所以，很简单的逻辑是，市场性失信惩戒制度可以借助信用服务市场便捷的低成本传播信用信息，减少一次性博弈中失信行为的出现。

（二）信号传递机制：市场信用交易的信息平台

商品交易中经常会出现信息不对称的现象，一方拥有另一方没有的信息，在交易时信息数量较多的一方利益占优，从而在交易中处于优势地位。这种信息数量不等会造成不良的交易后果，掌握更多信息的主体会因为想要

获得更多的经济利益，恶意隐藏某些对己不利的信息，也可以利用这些信息订立一套自身占优的交易规则，签订对自身有利的契约，让对方在不知情的情形下损失应得利益。实践中，经常被隐藏的信息不仅是自身交易地位占优的信息，而且包括交易方自身存在的缺陷或者不足，这样不仅会导致交易风险上升，还会损害另外一方的固有利益（陈晨，2019）。

针对这种"信息不对称"的现象，美国经济学家赫尔维茨提出了"信息经济学"，赫尔维茨将其定义为一种信息系统，参与人将其信息传递到一个信息交流中心，对自己的信息进行报告的一种信息共享机制。不同的参与者通过信息交流中心可以参考交易相对方的信息，由此达到交易平衡（陈晨，2019）。例如银行贷款中，借款人的历史偿还记录作为一种信息传递到信息中心供银行参考，银行通过其信息记录判断是否开放借款。如果没有这种信息传递机制，银行作为信息匮乏的一方并不能得知借款人自身的私人借款与偿还状况，就有可能导致失信行为的发生。

"信息不对称程度越大，信用市场中产生逆向选择与道德风险的可能性就越大，授信主体的信息成本就越高，市场的交易费用也就越大。"（蒋海，2002）所以，利用这种经济机制理论，建立信息共享平台，解决信息不对称的现象，减少市场交易中的失信情况，是市场性失信惩戒制度建立的意义所在。

（三）不完全契约论：市场交易中失信的预防基础

不完全契约是相对于完全契约而言的，所谓完全契约，"是在最大可能的程度上明确规定未来所有状态下契约所有各方的责任与权利，将来各方都不需要再对契约进行修正或重新协商"（蒋海，2002）。而不完全契约"是指由于缔约双方不能完全预见契约履行期间可能出现的各种情况，从而无法缔结明确界定交易各方权责利的契约"（朱琪、王柳清、王满四，2018）。

契约不完全和市场信用建设的关联在于，由于信息不对称，很难预见到所有或然状态，而且即使预见到将要发生的某种情形，因为交易双方缺乏信任，也不会在合同中约定双方没有争议的条款。信息的严重不对称和信用制度的不完善，使我国信用契约的不完全性更加突出，大大提高了发生契约纠纷的可能性和重新谈判的事后成本，从而增加了信用市场的交易费用。市场信用机制的构建有利于减少交易双方信息不对称的情况，减少契约带来的不确定性以及推理性，形成有效的监督约束机制来规范主体的信用行为。

（四）市场性失信惩戒的正当性基础：私法的契约自治

市场性失信惩戒措施是基于市场声誉机制，由市场交易中授信方基于意思自治作出的理性选择或基于合同权利作出的惩罚。本质上，这是一种市场行为，原则上应由民商法等私法予以调整。"市场性失信惩戒方式作为平等主体之间的信用惩戒，其法律根据主要是当事人之间的合同。"（王伟，2019）市场、社会、行业如何运用失信主体的失信记录，如何对待曾经失信的主体，应该由其自行决定（陈哲，2017）。市场信用惩戒的法律渊源可以是当事人的约定，也可以是商业惯例等市场交易中的规则。市场性失信惩戒的权源来自合法的契约、章程等有法律效力的文件。

而且从前文地方立法内容来看，所列举的市场性失信惩戒措施是一种民商事行为。无论是拒绝交易、选择交易对象、约定更为苛刻的合同条件、融资限制、任职限制或者企业内部制定的失信惩戒措施，都是一种市场环境下的民商事行为。但是与普通的民商事行为不同的是，该行为的作出是根据从信用服务市场获取的信用报告等信息，在进行自觉信用评价后对失信人作出的行为。所以，市场性失信惩戒的正当性基础是依托于民商事法律的，是私法的契约自治。

四、市场性失信惩戒的治理关系及惩戒逻辑

（一）惩戒实施者：市场主体

市场性失信惩戒的主体，即市场性失信惩戒措施的实施者、发动者与主导者，在上文确定了市场性失信惩戒的概念之后，其主体已经非常明确，即为市场主体。

市场主体是市场上从事交易活动的组织和个人，即商品进入市场的监护人、所有者。既包括自然人，也包括以一定组织形式出现的法人；既包括营

利性机构，也包括非营利性机构。市场性失信惩戒的实施者包括企业、居民、政府、其他非营利性机构等，以及投资者、经营者、劳动者与消费者。

（二）惩戒对象：在市场活动中的"失信者"

市场性失信惩戒与其他失信惩戒方式一样，其行为对象都是失信者，即"市场中的行为人"（李锋，2017）。

市场性失信惩戒的失信者应当是相对的，不同的市场主体在进行市场活动时，需求不同、目标不同、重点不同，那么对相对方信用状况的要求也不同，若某一市场主体选择信用状况优秀的对象作为交易者，那么相对而言，另一信用状况良好的对象便是失信者，但是可能在其他市场活动中，这一信用良好的对象便不是失信者。这种认知不同于行政性、司法性失信惩戒所针对的失信者，这两者因为是公权力机关给予的惩戒措施，那么必须事先公示，而且有统一的认定标准，以达到公平的目的。市场性失信惩戒与此最大的不同便是，失信与否没有固定统一的认定标准，根据不同对象的信用信息，选择利益最大化的行为对象是市场运行机制所决定的。较为极端的是，即使某人被行政机关纳入失信黑名单，被施以行政性失信惩戒，但是在进行市场活动时仍然信用良好，那么他在市场中便不是失信者，没有被市场淘汰，不会也不应当被市场活动拒绝。可以认为，不被市场选择的才是市场的失信者。

（三）惩戒效果：民商事经济上的不利益

从市场性失信惩戒的字面含义来讲，该机制运行对失信者的影响必然是负面的，可能对失信者的信誉和名誉方面产生不利影响，也可能是在生产、经营、任职、融资等方面产生不利影响，但是这种负面影响最终会归于民商事经济的不利益方面，这也是这种惩戒方式的市场性特征所致。

不同学者对于市场性失信惩戒的效果有不同的表述，但是都落脚在了失信者的经济利益层面。有学者认为失信惩戒机制的作用是运用法律手段、经济手段和道德手段惩罚市场活动中的失信者，将有严重失信行为的企业和个人从主流市场排除出去。王伟认为市场性失信惩戒中，这类信用惩戒的结果，更多的是民事上的不经济、不利益（王伟，2019）。李锋认为市场奖惩机制的约束作用体现在"对于那些不守规则的企业，就应该受到市场的抛弃，加大失信者的失信成本"（李锋，2017）。由此可见，学者们在这一方面的认知上，已经基本达成了一致。

以长远眼光来看，在市场经济条件下，物质利益是动力系统的落脚点，各机构与个人的逐利性成为失信惩戒机制的动力来源。市场主体在市场交易中有趋利避害的本性，对信用记录好的企业和个人，给予优惠和便利，增厚其发展的外在声誉；对于信用记录不好的企业和个人，拒绝交易、提高担保，给予融资限制等，使市场主体追求利益的能力下降，受到经济上的不利益。从而，形成一个市场自发的循环，交易主体会愈加重视市场信用，收集应用信用信息，自觉使信用状况较差的主体退出交易市场，形成市场信用惩戒联防，这也是市场信用惩戒所要达成的目的。

五、作为治理机制的市场性失信惩戒制度构建展望

（一）市场性失信惩戒的基本定位：私法自治

"意思自治是市场经济在法律上的必然选择。"（文琦，2001）市场经济是以市场为资源配置中心的经济模式，也是开放性的法治经济。它要求市场主体平等竞争、机会均等，以契约为纽带构筑彼此之间的社会关系。

市场性失信惩戒的本质是一种市场活动，是法律意义上的民商事行为，与其他市场活动并无本质区别，故在构建市场性失信惩戒制度中要贯彻意思自治的原则。前文已述，在信用立法的地方性规范文件中，涉及市场性失信惩戒内容的，大都鼓励市场主体进行信用惩戒。例如《江苏省社会信用条例》第四十九条第一款规定："鼓励市场主体对信用状况良好的主体采取给予优惠便利、增加交易机会、降低交易成本等措施，对信用状况不良的主体采取取消优惠便利、减少交易机会、增加交易成本等措施。"并没有强制市场主体必须采取何种措施，这正是尊重市场主体意思自治的体现。

法律作为社会关系的调整器，必须保障市场主体的充分自由，使市场主

体追求自身正当利益的行为合法化，从而调动市场主体的积极性和创造性。对于市场性失信惩戒来讲，对其进行法律规制是必要的，但必须保障市场主体的自主意思表示，尊重市场主体的市场活动，即法律行为，公权力减少干涉与限制，在不违反强制性法律的情形下，不干预市场性失信惩戒的正常运行。法律控制并不意味着过度的关注与限制，对于平等主体之间的私法关系，法律更重要的是节制。在市场性失信惩戒不触碰法律的情形下，外围法律体系不应当横加干预指导，若需要法律手段解决，司法机关更要尊重当事人即市场主体的意思自治。

（二）市场性失信惩戒的治理依托：信用信息体系构建

在市场性失信惩戒的整个运行机制中，市场主体对失信者实施信用惩戒，使其受到经济上的不利益。在整个制度构造中的关键一环便是信用信息。信用信息是市场主体惩戒行为的实施依据或者判断依据，是联结行为实施者和失信者之间的要素。

在国外成熟的市场信用系统中，信用信息的提供依靠的是征信机构等其他信用服务机构。信用服务行业为市场交易主体提供交易相对人的信用信息、信用等级、信用产品，如信用信息数据库、信用信息平台、信用报告甚至是社会统一信用代码等。在欧美国家，征信市场较为发达，征信机构依法采集、保存个人和企业在各个部门和机构中的不良信息，经过整合、加工和利用，建立统一和完整的信用信息数据库，对外提供各种信用产品。最大限度地使失信者与社会对立，从而对失信者产生约束力和威慑力，抑制失信行为的发生（史玉琼，2018）。在美国，有信用污点的企业和个人，将很快被公示、披露和传播，在社会经济生活中遭到限制，如在申请贷款、保险和就业中会被拒绝，或者支付较高的信用成本。市场信用服务行业为信用的需求者提供专业的信用服务，收取相应的费用，以科学公正的方式和方法来客观地反映经济主体的信用状况，并以信用报告的形式向社会公开，以解决市场信息不对称的问题，使失信者在未来的市场活动中受到制约与惩处。

要建构有效的经济领域信用惩戒机制，关键不在于如何通过立法去规定行政机关如何惩戒经济领域的失信者，而在于建构信用信息的开放共享机制，以及信用信息的规范与真实。信用问题的核心是信息问题，只要有足够的信息，就很少会发生不守信用的问题；若是信息不充分，欺诈行为不能被观测到的话，信用就会出问题（张维迎，2005）。信用服务机构的信息供应量决定了市场性惩戒机制的惩戒范围与影响力。信息的供应量越大，对于市场主体的信用判断就越准确，交易主体对其交易对象信誉的判断，直接决定了交易行为的产生或终止。

尽管私法信用惩戒机制对于私法信用体系至关重要、不可或缺，但我们无须专门构建这一机制，而是要以信用信息机制的建构为中心。只要信用信息机制健全，这一信用惩戒机制就会自然形成、运行无碍（陈国栋，2021）。因为，只要有充足的、准确的信用信息，这一机制在市场主体规避交易风险动机的驱使下，就能自行运转、自动联合，高效发挥失信惩戒的作用，压缩失信行为的存在空间，共同营造诚实守信的市场交易环境，而无须国家机关介入实施信用惩戒。国家所要做的是规范信用信息的收集、共享机制，提供或要求相关征信机构建构相应的不实信息的纠正救济机制，并且对不实信息引发的不利后果予以救济，而不是亲自下场以信用惩戒为名去惩戒违约主体。这其实超越了私法自治原则，把交易者之间的私法关系变成了国家机关与私法主体之间的公法关系。

参考文献：

陈晨，2019，《失信惩戒机制的问题探究》，辽宁师范大学硕士学位论文。

陈国栋，2021，《私法信用惩戒的法理及其启示》，《暨南学报（哲学社会科学版）》第 11 期，第 22—35 页。

陈文清、姚一凡，2021，《失信惩戒与传统法律责任体系的衔接》，《政法学刊》第 2 期，第 86—94 页。

陈哲，2017，《失信惩戒与信用修复》，《浙江经济》第 8 期，第 40 页。

贺晓荣，1994，《论市场经济的自发性与法的规范制约性的对立统一》，《法律科学（西北政法学院学报）》第 6 期，第 10—16 页。

[英] 哈耶克，2003，《个人主义与经济秩序》，邓正来译，生活·读书·新

知三联书店，第 12 页、第 21 页。

蒋海，2002，《不对称信息、不完全契约与中国的信用制度建设》，《财经研究》第 2 期，第 26—29 页。

柯林霞，2021，《失信惩戒制度下失信行为的范围及限度》，《河南社会科学》第 1 期，第 76—83 页。

李锋，2017，《社会主体信用奖惩机制研究》，中国社会科学出版社，第 131 页。

林英杰，2009，《我国征信体系中失信惩戒机制研究》，湖南大学硕士学位论文。

马良灿，2013《从自发性到嵌入性——关于市场经济本质的论战与反思》，《社会科学研究》第 3 期，第 95—101 页。

门中敬，2021，《失信联合惩戒措施的类型及行为属性》，《山东大学学报（哲学社会科学版）》第 6 期，第 76—85 页。

史玉琼，2018，《关于建立失信惩戒机制的研究》，《征信》第 9 期，第 18—23 页。

王伟，2019，《失信惩戒的类型化规制研究——兼论社会信用法的规则设计》，《中州学刊》第 5 期，第 43—52 页。

文琦，2001，《意思自治与市场经济》，《当代法学》第 12 期，第 18—20 页。

［英］亚当·斯密，2008，《国民财富的性质和原因的研究》（下卷），郭大力等译，商务印书馆，第 492 页。

张维迎，2005，《信息与信用》，《市场营销导刊》第 2 期，第 8—9 页。

张晓莹，2019，《行政处罚视域下的失信惩戒规制》，《行政法学研究》第 5 期，第 133—140 页。

张智光，1993，《概念内涵和外延的辩证法》，《华南师范大学学报（社会科学版）》第 1 期，第 13—19 页。

朱琪、王柳清、王满四，2018，《不完全契约的行为逻辑和动态阐释》，《经济学动态》第 1 期，第 135—145 页。

Governance Logic and Institutional Prospect of Market-based Discredit Punishment

Jiang Dudu   Shen Jianghua

Abstract：Market-based punishment for Discredit is a key part of social credit governance system, but there are few theoretical studies on market-based punishment for Discredit. The existing studies have some problems, such as unclear concept, confused connotation and narrow extension. As a way of market self-governance, market-based punishment for Discredit should be defined as the market subject, based on the available market credit information, chooses individuals with good credit to carry out market decision-making, market operation, market management and other market activities in the spontaneous operation of the market mechanism, so that the untrustworthy individuals are subject to the untrustworthy punishment mechanism with no economic benefits. Its governance logic is that the market subject refuses to deal with the discredited person subjectively based on the credit information, requires them to provide guarantee and other disciplinary behaviors, so that the discredited person is subjected to economic disinterests. Its system construction should return to the basic orientation of private law autonomy and establish a punishment mechanism for Discredit with credit information system as the core.

Key words：Market-based Discredit punishment, Concept, Operation Mechanism, Private Law Autonomous , Credit Information Mechanism

《信访与治理研究》刊物
约 稿 函

  《信访与治理研究》刊物是全国唯一公开发行的信访理论刊物，是原《信访与社会矛盾问题研究》刊物（2010年，时任北京市信访办副主任、北京市信访矛盾分析研究中心创办人张宗林同志主持创办本刊）的改版和升级，本刊的公开发行填补了相关研究领域的空白。《信访与治理研究》刊物设于中国政法大学（"全国信访高等教育联盟"发起单位，全国首个信访博士、博士后培养方向培养单位，"信访大数据实验室"建设单位）。刊物由中国政法大学地方治理与危机管理研究中心主编，期刊编委由中国政法大学、北京大学、清华大学、中国人民大学、北京师范大学等高校研究院所的知名专家学者担任。刊物协作单位包括清华大学中国社会风险评估研究中心、北京大学社会治理研究中心、北京师范大学法学院、中山大学地方治理与公共政策研究中心、武汉大学法律与科技研究中心、西南政法大学中国信访与法治中国研究中心、中南财经政法大学中国信访与社会稳定研究中心、华东政法大学信访制度比较研究中心、西北政法大学中国信访与地方法治政府研究中心等。

  本刊主要栏目包括专家观点、理论视野、信访观察、学术前沿、社会调查与案例分析等。

  现特向您征集信访与治理相关研究领域的稿件。

一、征稿要求

  论文字数以10000字为宜，最多不超过20000字。

  本刊不接受已经发表的论文和一稿多投的论文。依国际惯例，曾在国内外会议做主题发言的论文，视为未曾发表的论文，欢迎投稿。

  欢迎相关领域的研究机构及时提供研究活动的消息动态，字数限制在500字以内。

本刊编辑部收到稿件后，恕不退稿，请作者自留备份。

二、论文体例

来稿应包括标题、摘要、关键词、正文、注释及参考文献等。

（一）封面（首页）：

封面需注明论文题目和所有作者的姓名、工作单位、职称、联系方式（包括移动电话和电子邮箱）。

（二）摘要和关键词（并附英文摘要和关键词）：

1. 摘要 200—300 字，要体现出以下几点：

写作目的（必写）

研究设计/研究方法/路径（必写）

发现（必写）

研究的局限性/启示（可写）

应用性的启示（可写）

社会影响（可写）

独创性/价值（必写）

2. 关键词：请在文题页上提供能够浓缩文章主要议题的 5 个关键词，我们将尽力在发表的文章中使用作者提交的关键词。但是，所有关键词须得到内部编辑组的批准。为保证一致性，它们有可能被替换为意思相同的其他术语。

（三）脚注/尾注：只在确实必要的地方使用脚注，文章中使用当前页起始编码。

（四）标题以及层级：标题必须简洁明了，并清楚标明层级结构。

（五）参考文献：

参考文献采用"作者—年份制"，具体要求如下：

行文中采取这种体系的标注格式为（作者，年份：页码），示例如下：（周雪光，2004：25）或者（Adams，2006）。其中页码部分视需要确定有无。注意，在行文中，中文作者使用的是全名，而英文作者使用的只是作者的姓，比如（马克思，1962），（Marx，1868）。引用同一作者同一年份的不同文章，可在年份后面加 a、b、c 来加以区别，比如（马克思，1956a）（马克思，1956b）。在同一处引用同一作者不同年份的多部作品，年份之间用逗号隔开，比如（韦伯，1949，1958）。引用多种文献时，不同文献之间用分号隔开，比如（韦伯，1949；马克思，1956）。引用多个中文作者合作的作品时，中文作者名之间用顿号隔开，英文作者名之间用逗号隔开，比如（苏国勋、夏光、张旅平，2005）。采用这种方式时，作品的最后必须附有一个详细的、按照首位作者的姓的首字母排序的参考文献。

例如：

专著：梁漱溟，2006，《乡村建设理论》，上海人民出版社。

（梁漱溟，2006）

Pollan, Michael. 2006. *The Omnivore's Dilemma：A Natural History of Four Meals*. New York：Penguin.

（Pollan，2006）

Ward, Geoffrey C, and Ken Burns. 2007. *The War：An Intimal History*, 1941-945. New York：Knopf.

（Ward and Burns，2007）

文集：高丙中，2000，《民间的仪式与国家的在场》，载郭于华主编《仪式与社会变迁》，社会科学文献出版社。

（高丙中，2000）

张静，2000，《"雷格瑞事件"引出的知识论问题》，《清华社会学评论》第 2 辑，鹭江出版社。

（张静，2000）

Kelly, John D. 2010. "Seeing Red：Mao Fetishism, Pax Americana, and the Moral Economy of War" In *Anthropology and Global Counterinsurgency*, edited by John D. Kelly, Beatrice Jauregui, Sean T. Mitchell, and Jeremy Walton, pp. 67-83. Chicago：University of Chicago Press.

（Kelly，2010）

期刊：张其仔，1999，《社会网与基层经济生活》，《社会学研究》第 3 期。

（张其仔，1999）

Weinstein, Joshua I. 2009. "The Market in Plato's Republic." *Classical Philology* 104：439-458.

（Weinstein，2009）

会议论文：马勇，2012，《王爷纷争：观察义和团战争起源的一个视角》，"政治与精英与近代中国"国际学术研讨会会议论文，杭州。

三、投稿方式

来稿请以 Word 文档用电子邮件附件的方式发送至本刊邮箱 xinfangyanjiu@126. com，并在邮件主题中注明"投稿"。收到稿件后，编辑部将提交编委会审阅，如通过审核，我们将第一时间回复用稿通知。

四、联系方式

联系人：王凯　杨丽

电话：010 –68719236

通信地址：北京市海淀区西三环北路 27 号北科大厦西区 410

邮政编码：100089

因地址变更给您带来的不便敬请谅解，如有疑问，敬请致电。

《信访与治理研究》编辑部

中国民主法制出版社

全国唯一公开发行信访理论刊物
《信访与治理研究》
公开征订

为深入贯彻落实党的二十大精神，深入贯彻落实习近平总书记关于加强和改进人民信访工作重要思想，持续推进信访与治理领域前沿理论与实践议题的研究，积极打造新时代信访理论研究者与实务工作者沟通交流的前沿理论阵地，2022 年，《信访与社会矛盾问题研究》刊物正式改版为《信访与治理研究》刊物。

作为全国唯一一份公开发行的信访理论期刊，《信访与治理研究》刊物（原《信访与社会矛盾问题研究》刊物）填补信访与治理领域的研究空白，是信访研究领域的重要创新。《信访与治理研究》刊物设于"全国信访高等教育联盟"发起单位，全国首个信访博士、博士后培养方向培养单位，"信访大数据实验室"建设单位——中国政法大学。刊物由中国政法大学地方治理与危机管理研究中心主编，期刊编委由中国政法大学、北京大学、清华大学、中国人民大学、北京师范大学等高校研究院所的知名专家学者担任。刊物的协作单位包括清华大学中国社会风险评估研究中心、北京大学社会治理研究中心、北京师范大学法学院、中山大学地方治理与公共政策研究中心、武汉大学法律与科技研究中心、西南政法大学中国信访与法治中国研究中心、中南财经政法大学中国信访与社会稳定研究中心、华东政法大学信访制度比较研究中心、西北政法大学中国信访与地方法治政府研究中心等。

本刊为季刊（2022 年度改版阶段为半年刊），主要栏目包括专家观点、理论视野、信访观察、学术前沿、社会调查与案例分析等，力求突出理论创新性、前瞻性和问题导向性。刊物坚持理论联系实际，从信访视角探究当代中国国家治理、政府治理和社会治理领域的前沿议题。刊物运用多元学科的视角、把握前瞻学术动态、总结深层实践规律，致力于构建信访理论研究者和实务工作者的交流平台，积极推动新时期信访与治理领域研究的深入，为推进新时期信访工作的创新完善提供支持。

现向广大读者公开征订《信访与治理研究》刊物，每辑定价 60 元。期待您的关注和支持！

《信访与治理研究》编辑部

中国民主法制出版社

订购回执

订购单位		邮政编码	
详细地址		联系人	
		电 话	

刊　名	定价	订数	金额小计
《信访与治理研究》2022 年全 2 辑	120.00 元（全 2 辑）		
《信访与治理研究》2023 年全 4 辑	240.00 元（全 4 辑）		
《信访与治理研究》2024 年全 4 辑	240.00 元（全 4 辑）		

合计金额	万　　　仟　　　佰　　　拾元		

备注：此款已通过□邮局 □银行于　　年　　月　　日汇出

汇票号码为：　　　　　　　　　　　　　　是否开具正式发票：□是 □否

发票抬头：　　　　　　　　　　　　　　　发票项目：□图书 □具体书名

纳税人识别号（选填）：　　　　　　　　　发票类型：□电子发票（推荐）□纸质发票

电子发票邮寄邮箱：

订购须知：

　　1. 汇款时请务必注明"汇款单位名称＋信访书款"，以个人名义汇款的，无法开具对公发票；

　　2. 请务必将本订购回执传真至（或电子版发至）《信访与治理研究》编辑部，作为订刊凭证。

　　联系人：王凯　杨丽

　　电话：010 - 68719236　　　传真：010 - 68719236

汇款信息（请务必注明"汇款单位名称＋信访书款"）：

☆ 银行汇款：

收款人（户名）：中国民主法制出版社有限公司

开户行：中国工商银行股份有限公司北京玉林支行

账号：0200226019200047445